Alisha Bell

Die geheime Sex-Loge

Erotische Geschichten

Blue Panther Books

blue panther books Taschenbuch
Band 2691
1. Auflage: Februar 2023

Vollständige Taschenbuchausgabe
Originalausgabe

Lektorat: Marie Gerlich

Cover:
© wisky @ 123RF.com
Umschlaggestaltung: MT Design
Gesetzt in der Trajan Pro und Adobe Garamond Pro

Printed in Poland
ISBN 978-3-7507-7929-7
www.blue-panther-books.de

INHALT

Mit dem Gutschein-Code

AE1TBENZI

erhalten Sie auf **www.blue-panther-books.de** diese exklusive Zusatzgeschichte als E-Book in den Formaten PDF, E-PUB und Kindle. Registrieren Sie sich einfach online oder schicken Sie uns die beiliegende Postkarte ausgefüllt zurück!

Das bestrafte ungehorsame Luder

»Jetzt sagen Sie doch mal: Wie haben Sie Adrian eigentlich kennengelernt?« Mrs. Bauer sah Sarah neugierig an.

Statt zu antworten, goss Sarah sich noch einen Schluck Sekt ein.

Sie und Mrs. Bauer saßen auf weißen Sonnenstühlen unter der Kastanie, etwas entfernt von den anderen Gästen, die sich vor allem in der Nähe des Grills aufhielten, wo Adrian lachend die Steaks und Gemüsespieße wendete und offenbar alle unterhielt.

Es war Adrians Idee, die Firmen-Sommerparty auf ihrem Grundstück auf Long Island stattfinden zu lassen, und Sarah hatte nichts dagegen gehabt.

»Danke, Liebes«, hatte er gesagt. »Weißt du, das stärkt einfach die Mitarbeiterbindung. Den Chef mal hemdsärmelig am Grill zu sehen, ist wichtig für die Angestellten.«

Sie hatte genickt und gesagt: »Auch ich sehe den Chef gern hemdsärmelig am Grill«, dabei war sie ihm mit den Fingerspitzen genießerisch über die Oberarme gefahren.

Er hatte sie geküsst. »Lass dich bloß nicht von der neugierigen Mrs. Bauer in die Mangel nehmen. Die wittert überall Geheimnisse und ist echt hartnäckig. Und wir wissen ja, dass wir ein ganz bestimmtes Geheimnis besser für uns behalten wollen, oder?«

Er hatte Sarah angegrinst wie ein kleiner Junge und sie hatte zurückgegrinst. »Mach dir keine Sorgen, Liebling«, hatte sie gesagt. »Ich pass schon auf.«

Und jetzt saß sie hier – mit der aufdringlichsten Person der ganzen Firma …

»Er erzählt nie davon! Ich verstehe das nicht. Sie beide sind ein Traumpaar, oder? Seit zwölf Jahren zusammen und immer noch total verliebt. Oder irre ich mich?« Mrs. Bauer sah Sarah mit zusammengekniffenen Augen aufmerksam an. »Nein, ich irre mich nie. Sie *sind* verliebt. – Aber was ist Ihr Geheimnis?«

Sarah spürte, dass sie gegen ihren Willen rot wurde. Ihre Augen wanderten kurz über den Rasen zu Adrian hinüber, der am Grill stand und Teller befüllte. Er schien ihren Blick zu spüren, denn er wandte sofort das Gesicht in ihre Richtung, legte dann zwei Finger auf seinen Mund und warf ihr diesen kleinen Kuss durch die Luft zu. Sarah winkte zurück.

»Nun sagen Sie schon!«, insistierte Mrs. Bauer. »Das ist einfach … ungewöhnlich.«

Verdammt, Adrian hatte recht gehabt. Diese Frau war wirklich eine Plage. »Wir … ähm … also, Adrian und ich … wir haben …«, stotterte sie. Was sollte sie sagen, was keine Lüge war und dennoch Adrians und ihr kleines Geheimnis bewahrte?

»Ja?« Mrs. Bauer beugte sich interessiert zu ihr vor.

Ihr fiel einfach nichts ein. »Ach, das ist doch nicht so wichtig!«, winkte Sarah daher rigoros ab und schwenkte dann um: »Schönes Wetter heute, hm? Wie geschaffen für einen schönen Grillnachmittag.«

»Nein, nein, das lasse ich nicht durchgehen!«, würgte Mrs. Bauer ihren Ablenkungsversuch ab und goss Sarah Sekt nach, wohl um ihre Zunge zu lockern. »Adrian redet in der Firma so oft von Ihnen. Das ist einfach so ungewöhnlich! Nach zwölf Jahren ist doch eigentlich der Saft raus. Aber bei Ihnen wirkt alles so … na ja: saftig!« Mrs. Bauer lachte kurz und rau. »Und Sie sollten mal seine Augen dabei sehen. Die strahlen regelrecht, wenn er von Ihnen spricht! Ich wünschte, mein Ex-Mann hätte nur ein einziges Mal so geschaut, als er von mir gesprochen hat …« Mrs. Bauer schnaubte leise. »Und dann hat Ihr Mann ein Foto von Ihnen auf seinem Schreibtisch stehen, das er jeden Morgen mit einem Staubtuch abwischt!

Das muss man sich mal vorstellen. Mit einem Staubtuch! Als wäre das Bild ein Heiligtum! Er geht jeden Tag mit Ihnen zum Mittagessen und wenn er zurückkommt, wirkt er, als hätte er ein paar Schlucke Sonne getrunken. Er glüht von innen. Ich meine damit: Bei Ihnen beiden stimmt die Chemie so dermaßen gut, dass es kaum zu glauben ist. Und ich frage mich einfach, wo man seinen Traumpartner kennenlernt – so wie Sie beide? Ich will das auch!« Und als Sarah immer noch schwieg: »Ganz ehrlich, Mrs. Parker! Sagen Sie's mir. Ich lasse Sie nicht eher hier weg.«

Sarah seufzte. Dann sagte sie: »Es klingt vielleicht seltsam, aber Adrian und ich haben uns vor zwölf Jahren bei einem Live-Rollenspiel kennengelernt.«

»Das ist ja interessant!«, rief Mrs. Bauer aus.

Sarah lächelte in sich hinein. Ja, es war interessant. Aber Mrs. Bauer würde nie erfahren, wie interessant es wirklich gewesen war …

***

Tauchen Sie ein Wochenende lang in eine andere Identität ein! Entdecken Sie Ihr erotisches Potenzial. »Eros Dreamworld« ermöglicht Ihnen ein Erlebnis der ganz besonderen Art.

Sie hatte die Anzeige auf einer dieser Plattformen entdeckt, die sie seit der Trennung von Stephen immer wieder aufsuchte: BDSM-Plattformen mit Foren, wo man »Gleichgesinnte« kennenlernen konnte, wie die Beschreibungen versprachen.

Sarah wusste nicht einmal, ob sie eine Gleichgesinnte war. Fakt war aber, dass sie sich schon lange für gewisse … nun ja … Fantasien begeistern konnte.

Sie erinnerte sich, dass sie – als Stephen und sie sich auseinanderzuleben begannen – beim Sex oft die Augen geschlossen und sich einen anderen Mann an seinen Platz geträumt hatte. Einen jüngeren, stärkeren, dominanteren, einen, der nicht erst fünfmal fragte, ob er sie hier oder da berühren dürfe, sondern es einfach tat. Der ihr die Arme über dem Kopf zusammenhielt, wenn sie sich bewegte und sie nicht vorsichtig küsste, sondern so, dass sie spürte, wie sehr er sie wollte. Einen, der sie hart fickte, und nicht, als wäre sie aus Kristallglas.

Manchmal hatte sie sich gefragt, ob auch Stephen sich eine andere Frau an ihrer Stelle erträumt hatte. Eine, die sich unter seinen Berührungen wand und stöhnte, die sich seinen Fingern, seinen Lippen und seinem Schwanz entgegenreckte, die mit Leichtigkeit feucht wurde, und zwar so feucht, dass im Laken ein großer Fleck zurückblieb, und die ihn anflehte, sie endlich zu vögeln. Sie fragte sich, ob sie beide einander etwas vorgemacht hatten, und wenn ja, wie es sein konnte, dass sie sich so lange mit Traumgestalten hatten betrügen können und einfach nicht verstanden hatten, dass es schon lange vorbei war.

Als sie sich schließlich trennten, war sie erleichtert. Sie hatte sich schon wie eine reale Fremdgängerin gefühlt.

Seit ihrer Fantasien während des Sex mit Stephen aber fragte sie sich, ob sie vielleicht insgeheim auf BDSM stand, auf eine andere Dynamik, einen anderen Typ Mann? Sie hatte diese Plattformen aufgesucht, um Klarheit zu bekommen, hatte in den Foren mitgelesen.

Schließlich war sie auf diese Anzeige gestoßen. Sie wusste, dass es Zeit war für eine Veränderung, und hatte, ohne weiter nachzudenken, die URL der Website eingegeben und auf Enter gedrückt.

Sind Sie weiblich oder männlich?

Was aufpoppte, war keine Website, sondern diese einzelne Frage. Sie klickte auf *weiblich*.

Suchen Sie für das Wochenende einen weiblichen, männlichen oder transsexuellen Partner oder ein Paar?

Sarah zögerte. Im Grunde gefiel ihr alles. Aber sie war völlig unerfahren in diesen Dingen, sie war ja noch nicht mal in einem Swingerclub gegangen und wollte zumindest eine Form von Sicherheit haben. So klickte sie auf *männlich.* Zumindest darin hatte sie Erfahrung.

Sind sie devot, dominant oder switch?

Woher zum Teufel sollte sie das wissen? Sie wusste nicht mal, ob sie irgendwas davon war! Dennoch – ihre Fantasien sprachen eine eigene Sprache. Kurzerhand klickte sie auf *devot.*

Sind sie unterwürfig, schmerzgeil oder beides?

Schmerzgeil? Nie im Leben! Sie stand nicht auf Schmerz. Ihr wurde schon schwarz vor Augen, wenn sie sich irgendwo den Ellbogen stieß. Sie konnte sich nicht mal vorstellen, aus Schmerz Lust zu ziehen. Sie hatte auch noch nie eine entsprechende Fantasie gehabt.

Unterwürfig klickte sie an.

Mögen Sie Rollenspiele?

Hm. Rollenspiele? Was sollte das sein? Sie hatte keine Ahnung, aber *Spiele* klang gut. Sie klickte auf *Ja.*

Danke schön!

Um an einem unserer Live-Rollenspiele teilzunehmen, füllen Sie vorab bitte den ausführlichen Fragenkatalog über sexuelle Vorlieben aus, damit wir anhand Ihrer Präferenzen das für Sie passende Rollenspiel und den zu Ihnen passenden dominanten Charakter finden können. Vor Ort werden Sie eingekleidet und erfahren Ihre Rolle. Genießen Sie ein Wochenende lang die süße Qual von Ausgeliefertsein und Wehrlosigkeit!

Sarah bemerkte erstaunt, wie die Worte ein Kribbeln in ihr auslösten.

Neugierig füllte sie den Fragenkatalog aus, was das Kribbeln noch verstärkte. Als sie fertig war, starrte sie einen Moment auf den Button *Buchen.* Sie atmete ein und aus. Und bevor Skrupel oder Ängste sie doch noch abhielten, klickte sie kurzerhand darauf.

Danke für Ihre Buchung! Wir erwarten Sie am Freitag um 18 Uhr an unten angegebener Adresse.

***

Am folgenden Freitag stand Sarah um kurz vor achtzehn Uhr vor einer New Yorker Haustür. Sie sah auf den Zettel in ihrer Hand, auf dem sie die Adresse notiert hatte, die *Eros Dreamworld* ihr mitgeteilt hatte, und verglich die Hausnummern. Ja, hier war sie richtig.

Sarah war nervös. Sie hatte nicht so recht gewusst, was sie anziehen sollte. Da aber die Bestätigungs-E-Mail, die sie erhalten hatte, noch einmal betonte, dass sie »vor Ort eingekleidet« werden würde, hatte sie nur ein schlichtes, blaues Sommerkleid angezogen. Es endete ein paar Zentimeter über dem Knie. Dazu trug sie Sandalen mit kleinen Absätzen, ein paar silberne Ohrringe, ein wenig Lippenstift und ein dezentes Parfum.

Kurz nachdem sie den Klingelknopf betätigt hatte, knisterte es in der Gegensprechanlage und eine Stimme bat sie, ihre Buchungsnummer durchzugeben. Sie tat es und kurz danach sprang die Tür auf.

Später konnte sie nicht mehr sagen, wie alles im Detail abgelaufen war. Es waren wohl zu viele Eindrücke auf einmal.

Sie war von einem »Dienstmädchen« in Empfang genommen worden. Eine attraktive Rothaarige, die neben einem schwarzweißen Schürzchen mit hübschen Rüschen nichts als ein Halsband und ein Häubchen trug. Ihr Geschlecht war von einem Keuschheitsgürtel verschlossen. Links und rechts davon waren zwei mit ihren Handgelenken verbundene Ketten befestigt. Sie hatte halterlose schwarze Netzstrümpfe an und an den Nippeln ihrer nackten, üppigen Brüste waren zwei Glöckchen befestigt.

»Folgen Sie mir, Miss«, hatte sie gesagt und war ihr in mörderisch hohen Schuhen vorausgestöckelt. Bei jeder Bewegung klingelten die kleinen Glöckchen an ihren Nippeln. Sarah hatte sich gefragt, ob dieses rothaarige Dienstmädchen ebenfalls eine besondere erotische Identität für das Wochenende auslebte oder ob sie einfach nur eine Angestellte war.

Sie folgte dem klingelnden Mädchen einen langen Gang entlang. In die Wände waren Halogenlämpchen eingelassen und beleuchteten mit sanftem Licht Plakate, die augenscheinlich verschiedene Rollenspiel-Szenarien zeigten. Der Anblick jedes einzelnen beschleunigte ihren Puls.

»Verhörspezialist & Verdächtige« las sie und sah eine an einen Stuhl gefesselte barbusige Frau in einem Raum, der wie eine Gefängniszelle aussah. »WG-Casting« stand auf einem anderen, auf dem sich ein gut gebauter junger Mann gerade vor vier Frauen entblößte, die lachend und mit Proseccogläsern in der Hand auf einem Sofa saßen und ihn begutachteten. »Einbrecherin & Hausbesitzer« verkündete ein weiteres, auf dem ein kräftiger, bärtiger Mann einer zierlichen, mit gespreizten Armen und Beinen ans Bett gefesselten Frau eine Strumpfmaske abzog. Darunter kam ein wunderschönes, erschrockenes Gesicht zum Vorschein. Obwohl die »Einbrecherin« in dieser Stellung total hilflos war, wirkte sie dennoch nicht ängstlich, sondern hoch erregt.

Sarah, die all dies nur im Vorübergehen wahrnahm, war später erstaunt darüber, wie tief sich doch jede Einzelheit in ihr Hirn gebrannt hatte.

»Gleich sind wir da«, sprach das Dienstmädchen. *Kling-kling* sagten ihre Nippelglöckchen dazu.

Sie öffnete eine Tür und sie betraten einen kleinen Raum, in dem nur ein Schreibtisch mit einem Computer darauf stand. Auf dem Bildschirm blinkte der Cursor.

»Geben Sie bitte Ihre Buchungsnummer ein«, sagte das Dienstmädchen.

Sarah tat wie geheißen. Kurz darauf erschien auf dem Bildschirm die Aufforderung: *Begeben Sie sich unverzüglich zur Tür 3!*

»Was hat das zu bedeuten?«, fragte Sarah.

»Dass Sie in die Besserungsanstalt kommen, Miss«, sagte das Dienstmädchen sanft und ihre Glöckchen klingelten genauso sanft.

»In die Besserungsanstalt? Was zum …«

»Folgen Sie mir einfach, ich bringe Sie hin.«

***

Besserungsanstalt stand tatsächlich auf der Tür, vor der sie stehen blieben.

Jetzt bekam Sarah doch irgendwie Muffensausen. Doch bevor sie auch nur einen Zweifel äußern konnte, stieß das Dienstmädchen die Tür auf und machte eine einladende Bewegung.

Sarah hörte von innen eine strenge weibliche Stimme rufen: »Komm rein!«

Sie zögerte einen Moment. Eine weibliche Stimme? Hatte *Eros Dreamworld* etwas durcheinandergebracht? Sie hatte doch extra angegeben, dass sie einen männlichen Partner wollte?

»Herrgott noch mal, nun komm endlich rein und mach die Tür hinter dir zu. Verstehst du keine einfachen, klaren Sätze?« Der Tonfall war wie ein Schlag ins Gesicht.

Rasch trat Sarah über die Schwelle und schloss die Tür hinter sich. Ohne das Dienstmädchen fühlte sie sich plötzlich schutzlos.

Der Raum war … eine Kleiderkammer. Hinter einer Art Theke saß eine Frau in einem engen grauen Kostüm, das sie an die Kleidung einer Gouvernante erinnerte. Die Art Kostüm, das auf elegante Weise streng wirkt und Kurven und Taille der Trägerin betont. In den Regalen hinter ihr türmte sich Kleidung, an Kleiderstangen hingen verschiedene Kostüme.

Sarah achtete nicht darauf. Zu sehr faszinierte sie die Frau. Diese war schon etwas älter, vielleicht Ende vierzig oder Anfang fünfzig. Sie hatte hochgesteckte dunkle Haare, in denen sich auch einige silberne fanden, ein ebenmäßiges Gesicht mit strengen Zügen, einen schön geschnittenen, rot geschminkten Mund. An einer kleinen Kette um ihren Hals trug sie eine Brille. Sie war attraktiv, oh ja. Sie war, was Männer einen *Puma* nennen.

Als Sarah näherkam, setzte sie die Brille auf die Nase. »Nun, wen haben wir da? Das ist Sarah, nicht wahr?«

Sarah wollte gerade nicken, da sprach die Frau schon weiter: »Die kleine, ungezogene Sarah, die hergeschickt wurde, um sich zu bessern.«

»Aber …«

»Du bist völlig unpassend gekleidet!«, unterbrach die Frau sofort. »Nicht so, wie es sich für ein braves Mädchen gehört! Pfui!«

Sarah wollte protestieren, da musterte die Frau sie mit einem abschätzenden Blick von oben bis unten und sagte: »Konfektionsgröße 36, richtig? Schuhgröße 37?«

»Ja«, sagte sie verblüfft.

Die Frau drehte sich um, griff in verschiedene Regalfächer und keine Minute später lag ein Stapel Klamotten vor Sarah.

»Anziehen!«, befahl die Frau.

Sarah sah sich um. Es gab keine Umkleidekabine oder etwas Ähnliches.

»Wird's bald oder muss ich nachhelfen?«

»Wie … hier?«, fragte Sarah.

»Ja, wo denn sonst! Nun mach schon, wir haben nicht den ganzen Tag Zeit, bald beginnt die erste Bestrafung. Eins der

Mädchen hat gegen die Regeln verstoßen und wird schon vorbereitet. Du wirst bei der Bestrafung dabei sein. Alle Schülerinnen sind bei den Bestrafungen einer Mitschülerin anwesend!«

Bestrafung? Schülerinnen? Und es wurde gerade jemand vorbereitet?

»Runter mit dem Kleid!« Die Frau erhob sich jetzt und trat hinter der Theke hervor.

»Ja, ich mach schon«, sagte Sarah hastig und öffnete ihr Kleid.

Es war so demütigend, sich nicht verstecken zu können. Und diese unmögliche Frau machte keine Anstalten, ihr wenigstens einen Rest Privatsphäre zuzugestehen. Sie stand mit in die Hüften gestemmten Händen da und beobachtete Sarah dabei, wie sie das Kleid über den Kopf zog. Nun hatte sie nur noch ihre Unterwäsche an.

»Auch den BH und den Slip!«

Oh Gott, ihr blieb auch nichts erspart. Widerstrebend knipste Sarah den BH auf und streifte den Slip ab.

»Gott sei Dank, wenigstens bist du rasiert«, sagte die Frau. Sie trat näher und streckte die Hand nach Sarahs Venushügel aus. Als Sarah vor der Berührung zurückwich, sagte die Frau: »Stehen geblieben.« Sie strich prüfend über Sarahs Venushügel und sagte dann: »Gut. Schön glatt. Da muss ich wenigstens nicht nachrasieren …«

Wie bitte? Diese Frau hätte sie sonst nachrasiert?

»Jetzt rein in die Klamotten! Hopphopp.«

Sarah zog zuerst die weißen Kniestrümpfe mit den rosa Streifen am Saum an. Sie sahen extrem lächerlich aus. Das nächste Kleidungsstück war eine weiße Bluse. Kein BH? »Frau … ähm …«, begann Sarah.

»Sag einfach Frau Oberin.«

»Frau Oberin, ich hab 75 C. Ohne BH geht das nicht.«

Vor allem nicht in dieser Bluse, die so dünn war, dass man praktisch hindurchschauen konnte. Ihre Brüste würden hängen und das würde extrem peinlich aussehen.

»Keine unserer Schülerinnen trägt einen BH. Das ist neumodisches Zeug, das den Charakter verdirbt. Die Brüste hängen frei in den Blusen, nichts wird hochgeschnürt und zusammengeschoben!«

Sarah schluckte einen Kommentar hinunter, zog die Bluse an und knöpfte sie zu. Es war eine Farce. Ihre Brüste baumelten frei herum, die Brustspitzen rieben am Stoff und stellten sich automatisch auf.

»Na, siehst du, das ist doch prima.« Die Frau Oberin trat einen Schritt auf sie zu und griff ihr an den Busen. Sie griff ihr an den Busen! »Das fühlt sich gut an«, sagte sie. »Genauso muss eine brave Schülerin angezogen sein.«

Sarah trat automatisch von dieser grenzüberschreitenden Person zurück, aber das hätte sie wohl nicht tun sollen.

Klatsch! Sie hatte sich eine Ohrfeige eingefangen.

»Aber …« Sie spürte, wie Tränen in ihre Augen stiegen.

»Dem Lehrpersonal ist immer Folge zu leisten!«, sagte die Frau Oberin. »Wenn einer der Wärter oder Lehrer deinen Körper kontrolliert, hast du still zu stehen und alle zu prüfenden Körperteile hinzuhalten. Ohne Wenn und Aber. Ist das klar?«

In Sarah kämpften die Gefühle.

»Ob das klar ist, hab ich gefragt!«

»Ja.«

»Ja, was?«

»Ja, es ist klar, Frau Oberin.«

»Dann bitte mich jetzt, deine Titten ausführlich zu kontrollieren. Ich bin Teil des Lehrpersonals und wir überprüfen die Mädchen regelmäßig hinsichtlich unerlaubter Geilheit. Los, bitte mich darum.«

»Ich … ähm … ich … bitte Sie, meine … ähm … Brüste …«

»Deine *Titten*!«

»Meine … T… Titten zu kontrollieren.«

»Na, siehst du, geht doch! – Komm her, halt mir deine Titten hin.«

Sarah trat näher.

»Bauch rein, Titten raus! – Na also, du kannst es doch …«

Es war so peinlich. Sarahs Brüste waren deutlich sichtbar unter dem dünnen Stoff und die Nippel, die ohnehin schon gereizt waren, wurden unter der Berührung dieser Frau blitzschnell steinhart. Die Frau Oberin bemerkte das ebenfalls, denn sie fasste mit spitzen Fingern danach und begann sie dann zu massieren, was Sarah zu einem Stöhnen veranlasste und ihre Pussy nass machte.

»Du bist kein braves Mädchen!«, sagte die Frau Oberin und zwickte ihre Brustwarzen mit exakt dem Druck, der Sarahs Knie weich werden ließ. »Du bist ein geiles kleines Schweinchen, das sofort nass wird. Wenn du könntest, würdest du dich jetzt anfassen. Ist es nicht so?« Sie sah Sarah tief in die Augen, während sie weiter ihre Brustwarzen massierte.

Sarah war tief erschrocken und wurde extrem erregt. Im Fragenkatalog hatte sie unter anderem angeben müssen, welche Form von Dirty Talk sie anmachte. Sie hatte einige Namen nennen sollen und sich ganz besonders verwegen gefühlt, als sie in das Feld auch »Schweinchen« hineingeschrieben hatte.

»Ich hab gefragt: Ist es nicht so?« Eine Hand ließ ihre Brüste los und glitt ihren Bauch hinab. Automatisch wollte Sarah wieder zurücktreten, da knallte die nächste Ohrfeige auf ihre Wange.

»Komm näher! Bauch rein, Titten raus! Stell die Beine auseinander, schieb dein Fötzchen raus.«

Jedes Wort, das diese Frau sprach, schien direkt mit ihrer Klitoris verbunden zu sein. Diese war heiß und pochte, und als die Frau Oberin nun wieder mit einer Hand in ihre Brustspitze zwickte – diesmal etwas fester – und mit der anderen den Bauch entlang nach unten über ihren Venushügel und zwischen ihre geöffneten Beine glitt, jammerte Sarah vor Geilheit leise auf. Die Frau Oberin tippte mit ihrem Zeigefinger immer wieder gegen Sarahs Klit und Sarah spürte, wie ihre Säfte zu fließen begannen.

Die Frau Oberin spürte es auch, denn sie glitt mit den Fingern in ihre Nässe, hob dann die Finger vor Sarahs Gesicht und sagte: »Sieh dir das an. Du tropfst ja! Es wird Zeit, dass wir hier auf dich aufpassen. Leck das ab!«

Sarahs Verstand schien sich irgendwie verabschiedet zu haben, denn sie öffnete widerspruchslos den Mund und tat, was von ihr verlangt wurde.

»Brav. Aber das ändert nichts daran, dass du ein nasses, kleines Schweinchen bist. Es mangelt dir an Erziehung. Lutsch ein bisschen stärker an meinem Daumen. Mehr Zunge. Und schau mich dabei an. Ja, das machst du sehr gut.« Sie tätschelte Sarah zwischen den Beinen, was diese noch geiler machte. »Saug weiter und reib dich dabei ein bisschen an meiner Hand, Kleine, aber wehe, du kommst! Und denk dran: Du tust alles, was das Lehrpersonal und die Wärter von dir verlangen. Ohne Widerrede, sofort und mit freudiger Hingabe. Also, reib dein Fötzchen an meiner Hand, zeig mir, was für ein nasses Mädchen du bist und vergiss nicht zu lutschen. Nimm auch den Zeigefinger mit rein. – Ja, so ist das schön.«

Sarah drehte fast durch. Sie leckte und lutschte hingebungsvoll die schlanken, eleganten Finger der Frau und presste währenddessen ihre nasse Pussy in deren Handfläche, rieb und rubbelte sich daran, sah der Frau dabei in die Augen. Als es ihr fast schon kam, zog diese ihre Hand zurück und hielt ihr das nächste Kleidungsstück hin: ein kariertes Röckchen.

Sarah war jetzt extrem erregt und extrem frustriert, zog das Teil aber ohne zu protestieren über. Das Röckchen war so kurz, dass es nicht einmal ihre Pobacken richtig bedeckte. Als sie nach einem Slip Ausschau hielt, stellte sie fest, dass es keinen gab.

»Den brauchst du nicht«, sagte die Frau, die offenbar ihre Gedanken lesen konnte. »Unser Lehrpersonal muss jederzeit kontrollieren können, ob die Schülerinnen brav und trocken oder ob sie geil und nass sind. So wie ich das eben getan habe. Ihr lernt hier, dass ihr ganz unten steht und wir ganz oben, dass ihr nichts zu verbergen habt, dass wir euch berühren, benutzen und für unser Amüsement einsetzen können, während es für euch nur Keuschheit, Zucht und Gehorsam gibt!«

Obwohl alles ganz und gar schrecklich klang und ihr extrem peinlich war, war Sarah von den Worten so erregt, dass ihre Hand von ganz allein zwischen ihre Beine glitt.

»Pfui!«, rief die Frau Oberin und schlug ihr sofort die Hand weg. »Dort wirst du niemals hingreifen! – Hände auf den Rücken! Und dreh dich um.«

Sarah legte die Hände auf den Rücken und drehte sich um. Sie spürte etwas Kaltes an den Handgelenken und hörte ein metallisches Klicken. Die Frau Oberin hatte ihre Hände hinter dem Rücken mit Handschellen verschlossen!

»Bleib so stehen! Beine weiter auseinander.«

Sarah stellte sich breitbeiniger hin und die Frau Oberin griff von hinten durch ihre Beine und legte einen Finger auf ihre Klit. Nur einen Finger, sonst nichts.

Wie zuvor begann Sarah sich sofort daran zu reiben. Da klatschte eine Handfläche hart auf ihren blanken Hintern.

»Hab ich dir gesagt, du sollst dich daran reiben? Du tust hier nur, was man dir sagt! Halt still. Ganz still!«

Und Sarah versuchte es. Sie versuchte, ganz still zu halten, während die Frau Oberin den Finger leicht zu bewegen begann, so langsam und zart, dass die Lust, die Sarah dabei spürte, quälend war, ganz und gar unbefriedigend und dennoch extrem … geil.

»Wehe, du bewegst dich! Ich sag es noch einmal: Ihr Mädchen seid hier, um euch zu bessern. Um erzogen zu werden. Ihr seid geile kleine Schweinchen, die ihre Lust nicht kontrollieren können. Hier lernt ihr Kontrolle. Und zwar unsere Kontrolle! Ist das klar?« Sie nahm ihre Hand wieder weg.

»Ja!«, sagte Sarah keuchend.

»Dann zieh jetzt deine Lackschühchen an und ab mit dir ins Klassenzimmer.«

***

Das Klassenzimmer sah exakt so aus, wie Sarah sich ein Musterklassenzimmer vorstellte: Es gab einen Lehrertisch, eine Tafel, einen Lehrer und mindestens zehn andere »Schülerinnen« hinter ihren Pulten.

Alle waren so angezogen wie sie selbst: mit einem karierten Röckchen, das kaum etwas bedeckte, einer durchsichtigen Bluse, Kniestrümpfen und Lackschuhen. Alle hatten wie sie die Hände hinter dem Rücken gefesselt und alle sahen nach vorn.

»… sind hier in der Anstalt also viele Dinge für euch verboten, die ihr bisher als selbstverständlich angenommen habt«, sprach der junge Mann hinter dem Lehrertisch. »Dazu zählen das selbsttätige Berühren der Titten und der Pussy. Deshalb tragt ihr fast die ganze Zeit Handschellen.«

Sarah betrachtete den Mann: Er hatte kurzes braunes Haar, einen attraktiven Dreitagebart und einen ausgesprochen schönen Körper. Er trug eine Leinenhose und ein kurzärmeliges

Hemd, dessen zwei obere Knöpfe offen standen und den Ansatz eines muskulösen Brustkorbs zeigten. Ihr Blick lag auf seinen kräftigen Armen.

»Junge Dame, wo bist du mit deinen Gedanken! Nicht träumen!«

Er meinte sie! Sie spürte seinen Blick auf sich. Grüne Augen, ein energischer Mund. Verdammt. Sofort setzte sie sich gerade hin. Ihre gefesselten Hände hingen hinter der Stuhllehne herab. »Bauch rein, Titten raus!«, sprach er denselben Spruch wie die Frau Oberin eben. Ihr Herz schlug heftig. Hatte sie einen Fehler gemacht? Würde er sie bestrafen? Sie wollte nicht bestraft werden.

Irgendwann und irgendwie hatte Sarah vergessen, dass das alles hier nur ein Spiel war, eine Illusion – dafür fühlte es sich einfach zu echt an.

»Sieh mich an. Du weißt, warum du hier bist, ja? Du bist hier, um dich zu bessern. Ihr alle seid verzogen, sexuell überaktiv gewesen, dauererregt. In der Besserungsanstalt hier werdet ihr lernen, keusch zu leben, wie es sich für brave Mädchen gehört. Ohne Orgasmen.«

»Absolut ohne Orgasmen?«, flüsterte eins der Mädchen.

»Ja, absolut! – Beine weiter auseinander, alle! Keine presst die Schenkel gegeneinander. Die Klit liegt frei und bleibt stets unberührt. Wenn jemand euch dort anfasst, dann nur das Lehrpersonal. Und wir können das, wann immer wir wollen, wo immer wir wollen und solang wir wollen. All dies ist Teil des Konditionstrainings. Wir werden euch masturbieren. Mit Fingern, Zunge, Wasserstrahl, Vibrator, Reizstrom – damit ihr verstehen lernt, dass ihr nur durch uns kommt. Und wir werden euch trainieren, euch so lange wie möglich zu beherrschen. Jede Zuwiderhandlung wird bestraft. Ehe ihr fragt: Eine Zuwiderhandlung ist ein unerlaubter Orgasmus.«

Seine Worte waren fast so intensiv wie eine Berührung. Sarah spürte, wie ihr Geschlecht pochte. Was hätte sie darum gegeben, sich jetzt anfassen, ihre Klitoris reiben zu können.

»Still gesessen, alle! Augen nach vorn! Hier in der Anstalt herrscht also ein strenges Masturbationsverbot. Tagsüber steht ihr jeden Augenblick unter Kontrolle. Wir Lehrer und die Wärter passen auf, dass eure Beine immer schön breit sind, euer Fötzchen frei liegt, ihr euch aber nicht an irgendetwas reibt. Die Hände sind immer hinter dem Rücken gefesselt. Zu den Mahlzeiten und wenn ihr auf die Toilette müsst, werdet ihr aufgeschlossen, aber auch da seid ihr nicht ohne Aufsicht. Beim Essen werdet ihr beobachtet und auf die Toilette begleitet euch eine Wärterin. Falls ihr euch wegen der Türen dort Sorgen macht, das müsst ihr nicht … es gibt keine! Es wird grundsätzlich keine Sekunde geben, in der ihr unbeaufsichtigt seid.«

Sarah schluckte. Sollte das wirklich wahr sein?

»Zum Duschen sind die Hände ebenfalls hinter dem Rücken gefesselt. Ihr werdet euch nicht selbst waschen, sondern das Lehrpersonal tut das. Jede von euch hat einen Privatlehrer oder eine Privatlehrerin. Ihr werdet mit gespreizten Beinen an der Wand lehnen, während ihr ausführlich eingeseift und dann abgespritzt werdet. Da Hygiene an erster Stelle steht, wird eurer Pussy stets besondere Aufmerksamkeit zuteil. Sie wird besonders sorgfältig eingeschäumt und dann mit einer Brause ausgiebig abgespült werden. Der Duschkopf wird dabei nacheinander auf verschiedene Wasserstrahlstärken eingestellt und wenn euer Privatlehrer oder eure Privatlehrerin bemerkt, dass eine Position und eine Stärke des Strahls besondere Wirkung erzielt, wird er oder sie diese Position nicht mehr verändern, sondern euch zwingen, den Reiz auszuhalten, ohne zu kommen. Das schaffen übrigens die wenigsten. Aber wenn ihr einmal die Bestrafung, die darauf folgt, gekostet habt, werdet ihr euch Mühe geben, das verspreche ich euch.

Nach dem Waschen werden die Schamlippen, die Klitoris, die Innenwände der Vagina und am Ende auch euer Anus sorgsam eingeölt, damit diese empfindliche Haut geschmeidig bleibt. Ihr selbst werdet dabei mit dem Gesicht zur Wand stehen, die Beine weit gespreizt, und euch keinen Millimeter bewegen, auch nicht, während die Klitoris und die Innenwände der Vagina eingeölt werden. – Beine auseinander, verdammt noch mal!«

Er kam zu ihrem Platz geschossen und knallte die Handfläche auf den Tisch. Sarah zuckte zusammen und riss sofort die Beine wieder auseinander, die sich wie von selbst geschlossen hatten. Ohne dass sie es mitbekommen hatte, hatten ihre Schenkel bei seinen Worten begonnen, sich zusammenzupressen und zu lockern, zusammenzupressen und zu lockern. Das hatte ihr eine kleine Stimulation und ihrer erregten Klitoris eine kleine Beruhigung verschafft. Jetzt lag sie wieder frei – und ohne Berührung.

»Wenn ich dich noch einmal dabei erwische, bekommst du fünf Ohrfeigen!«

»Entschuldigung«, sagte sie leise, was er mit einem leichten Nicken quittierte.

»Damit kontrollierbar bleibt, dass sich auch in der Nacht keine von euch heimlich berührt, werdet ihr, sobald ihr ins Bett geht, verdrahtet«, fuhr er fort. Er behielt Sarah weiter im Auge, die Stirn gerunzelt. Sarah achtete sehr darauf, die Beine weit gespreizt zu halten.

Eine Schülerin versuchte umständlich, einen Finger ihrer gefesselten Hände zur Wortmeldung hinter ihrem Rücken hervorschauen zu lassen.

»Ja?« Der attraktive Lehrer wandte sich ihr zu und Sarah atmete auf, als der Raubvogelblick von ihr abließ.

»Was …« Die Schülerin räusperte sich, weil ihre Stimme nicht kommen wollte. »Was bedeutet verdrahtet?«

»Das heißt, es gibt eine Elektrode, die an eurem Kopf befestigt wird, und diese ist mit der Maschine verbunden. Die Maschine ist das Herz unserer Kontrolle, denn sie misst euren Herzschlag, den Atem, die sexuelle Erregung und – natürlich – den großen Schwingungsausschlag, der entsteht, wenn eine von euch heimlich masturbiert, zum Beispiel, indem sie sich an der Decke reibt. Mit den Händen geht das nämlich nicht, die sind fest mit Ledermanschetten an den Bettpfosten fixiert.

Wenn ihr also geglaubt habt, ihr könntet es euch still und heimlich unter der Decke selbst machen und wir bekommen es nicht mit, weil ihr einfach ganz leise dabei bleibt – das könnt ihr vergessen. Wir haben vorgesorgt. Wir merken alles! Ihr seid mit der Maschine verbunden, die eure Körperfunktionen misst, und sobald sie einen unerlaubten Orgasmus aufzeichnet, geht ein Alarm los und dann werdet ihr hart bestraft! Wie so eine Bestrafung aussieht, werdet ihr jetzt erfahren!«

Er ging mit festen Schritten auf eine Gegensprechanlage zu, die neben der Tür hing, und Sarah kam nicht umhin, seinen knackigen Hintern in der Hose zu bewundern, die geschmeidige Art seiner Bewegungen, die Konturen unter seinem Hemd, die Männlichkeit, die er ausstrahlte. Umso schlimmer kam ihr plötzlich ihre eigene Position vor: in Schulmädchenkleidung, breitbeinig und mit herausgereckten Brüsten, die von keinem BH gehalten wurden.

Er betätigte den Knopf der Gegensprechanlage.

»Ja, ich höre?« Es war die Stimme der Frau Oberin.

»Marita, bringen Sie die Delinquentin herein – es ist so weit!«

Die Frau Oberin betrat das Klassenzimmer. Sie schob eine Schülerin vor sich her.

»Das ist Sakura«, sagte der attraktive Lehrer. »Sie wurde von der Maschine dabei ertappt, wie sie nachts einen unerlaubten Orgasmus hatte.«

Sakura war eine junge, asiatische Frau mit braun gefärbtem schulterlangem Haar und glänzenden Augen, die ängstlich schauten. Sie hatte eine ungeheuer süße Stupsnase und eine kleine Narbe, die quer über ihre Unterlippe verlief, ihre Schönheit aber interessanterweise eher vertiefte als zerstörte. Sarah war sich sicher: Wäre diese Narbe nicht gewesen, hätte Sakuras Schönheit langweilig gewirkt. So wirkte sie ... spektakulär.

Die Schuluniform stand ihr ausgesprochen gut, wie Sarah zugeben musste. Sakuras praller, fester Busen sprengte fast die Knopfleiste der dünnen weißen Bluse und das Röckchen bedeckte (oder bedeckte wohl eher nicht) einen ebenso prallen, wunderhübschen Apfelpopo.

Der attraktive Lehrer hatte in der Zwischenzeit einen Stuhl geholt, den er vor den Lehrertisch stellte. Die Frau Oberin setzte sich.

Sie ließ einen Augenblick vergehen, in dem alle Schülerinnen sie anschauten. Und wieder dachte Sarah: Sie ist auf ihre ganz besondere Art attraktiv. Das dunkle, elegant hochgesteckte Haar mit den einzelnen grauen Strähnen, der hübsche Busen, die regelmäßigen, strengen Gesichtszüge, der schön geschwungene, tiefrote Mund, die interessanten Falten um Mund und Augen, die von dem Leben sprachen, das sie schon gelebt hatte. Sie hatte etwas, das Sarah durcheinanderbrachte, und fast bedauerte sie es, dass sie nicht »weiblicher Partner« in der Buchung angegeben hatte ...

Die Frau Oberin klopfte auf ihren Schoß und Sakura wusste offenbar, was von ihr erwartet wurde, denn sie legte sich brav über ihre Knie. Ihre Hände waren nicht wie die der anderen gefesselt und ihre Finger berührten den Boden. Die Frau Oberin klappte Sakuras Röckchen hoch, legte den entzückenden festen Arsch frei und begann ohne irgendeine weitere Erklärung, dem Mädchen fest auf die nackten Backen zu schlagen.

Mein Gott, dachte Sarah. Als wäre das Ganze nicht schon beschämend genug, geschah es auch noch vor den Augen von ihnen allen! Und dennoch … Es war ihr fast peinlich vor ihr selbst, aber: Irgendwie beneidete sie das Mädchen. Sakura hatte ganz augenscheinlich und anders als sie »weiblicher Partner« angegeben, war nun auf dem Schoß dieser Frau gelandet und erlebte etwas, was Sarah allein schon vom Zuschauen elektrisierte.

Der attraktive Lehrer erklärte, was passierte: »Das Wichtige ist, meine Damen, dass ihr alle mitbestimmt, ob die Bestrafung lang und ausführlich oder kurz und oberflächlich ausfallen soll. Eine ungezogene Schülerin liegt so über dem Knie wie Sakura jetzt, sodass sie sich auf dem Boden abstützen muss. Sie muss, genau wie Sakura das jetzt tut, den Kopf heben und die ganze Zeit euch Schülerinnen anschauen, während sie gezüchtigt wird. Das heißt, sie darf den Kopf nicht wegdrehen und sich nicht verbergen. Und besonders wichtig: Sie muss die Schläge laut mitzählen.«

Im selben Moment rief Sakura laut: »Sieben!«

Sarah betrachtete Sakuras Gesicht, sah Anstrengung darin, Schmerz und doch auch Lust und Stolz und dachte das erste Mal an diesem Tag: Wer ist wohl mein Privatlehrer?

***

Sie lagen alle in ihren Betten, die Hände seitlich an Pfosten fixiert, die Füße am Fußende. Sie lag sehr stramm gespannt. Die Dioden maßen die körperlichen Schwingungen und übermittelten sie an die Maschine.

Bald würde die Lehrperson kommen, die kontrollierte, ob die Schülerinnen auch wirklich schliefen. Diese Person bewachte die Mädchen aber nicht nur, sondern kümmerte sich insbesondere um seine oder ihre Privatschülerin.

Sarah hörte die leisen Atemgeräusche der anderen. Jede schien zu schlafen, nur sie war wach.

Nach einer langen Weile hörte sie, wie die Tür zum Schlafraum leise geöffnet wurde, wie Schritte hereinkamen – ruhige, schwere Schritte. Die Lehrperson machte die nächtliche Runde durch den Schlafsaal. Er oder sie begann bei den Betten an der Tür, kam immer näher … blieb schließlich vor ihrem Bett stehen, hob die Bettdecke hoch und sagte leise: »Hallo, Sarah!«

Sarah sah in das Gesicht des attraktiven Lehrers vom Vormittag. Ihr Herz schlug wild und ungenau. Panisch sah sie zu, wie sich sein Arm unter ihre Decke schob. Er legte ihn um ihre Schulter, hielt sie wie aus purer Fürsorge. Sie konnte nichts tun, nicht reagieren, sich weder wegdrehen noch bedecken – sie war stramm fixiert. Und nackt. Zugänglich.

Er drückte auf einen Knopf an der Seite des Bettes und flüsterte: »So – jetzt machen wir mal die Beine weiter auseinander, kleines Schweinchen.«

Das unanständige Wort sprengte fast ihre Brust. Das Bett reagierte sofort auf den Knopfdruck und ihre Beine wurden noch weiter geteilt, denn das Bett konnte individuell eingestellt werden und die Mädchen in verschiedene Positionen manövrieren, ohne dass diese sich ein Stück regen oder gar dagegen wehren konnten.

Während ihre Beine weit aufgespreizt wurden, fragte er leise: »Ist das schön?«

Schön? Es war vor allem peinlich … Sarah wusste nicht, ob sie nicken oder den Kopf schütteln sollte, um ihn nicht zu verärgern. So biss sie nur die Lippen aufeinander.

»Bravheitstest«, sagte er. »Du weißt, ich muss kontrollieren, ob du gelernt hast, in jeder Situation keusch zu bleiben. Eine Schülerin unserer Anstalt sollte immer bei Verstand sein, Erregung bringt sie durcheinander. Du musst lernen, in jeder Situation schön konzentriert zu bleiben. Lass dich also nicht ablenken! Ich spiele jetzt ein bisschen mit deinen Titten, bis die Nippel fest sind. Dann schauen wir, wie sich das auf deine Pussy ausgewirkt hat. Ob du nass geworden bist wie ein ungehorsames, kleines Schweinchen oder ob du anständig geblieben bist.«

Er legte die Hände auf ihre Brüste. Sofort überzog sie eine Gänsehaut. Er drückte die Spitzen, kniff sie zusammen, zog daran, zwirbelte sie. Ihre Brustwarzen, diese Verräter, wurden sofort fest.

Er sagte: »Ts … ts – ich hab's geahnt, wir haben hier offenbar einen schweren Fall.«

Wie furchtbar gemein, dachte Sarah. Sie konnte nichts dafür!

Er schob die Hand in seine Hosentasche und zog zwei hässliche, grobe, ganz normale Wäscheklammern heraus.

Sarah bekam es mit der Angst zu tun. Hatte *Eros Dreamworld* es vielleicht verwechselt und nicht richtig gelesen, dass sie gar nicht schmerzgeil war? Sie flüsterte: »Nein, bitte nicht.«

Er hielt ihr einfach den Mund zu und steckte erst die eine, dann die andere Klammer an ihre Nippel, wobei er mit der Handfläche ihr Jammern unterdrückte.

»Ist ja gut, sch, sch, schau mal, es war doch gar nicht so schlimm. Und wenn ich das hier mache, tut's weniger weh.« Er legte die Hand genau zwischen ihre Beine.

Sie atmete erschrocken ein. Nichts bewegte sich. Sarah nicht, seine Hand nicht.

»Na, na«, sagte er. »Atmen nicht vergessen. Denk dran, immer schön brav bleiben. Ich streichle jetzt deinen Kitzler, um dein Gehorsam zu testen. Und ich will keine Dummheiten erleben, sonst weißt du, was passiert.«

Die Hand des Armes, mit dem er sie umfasst hielt, lag noch immer über ihrem Mund. Während er sie mit schrecklicher Präzision masturbierte und mit einem Finger ihre sehr nasse Klitoris umkreiste, flüsterte er ihr ins Ohr: »Mein Finger rutscht total leicht hin und her. Ich hab es gewusst! Du bist ein kleines Schweinchen. Du darfst nicht kommen, denk dran. Wenn du kommst, geht der Alarm an und du wirst hart von mir bestraft. Vor den Augen der anderen. Also streng dich an, nicht zu kommen!« Er kreiste und glitt, fasste dann nach oben und tippte gegen diese scheußlichen groben Klammern. Sie musste stöhnen, weil es wehtat, doch da berührte er schon wieder diese heiße, rote, sehr nasse Stelle zwischen ihren Beinen und sie konnte sich nicht zurückziehen von seinen Fingern, keinen Millimeter. Er hielt ihr den Mund zu und flüsterte, dass sie die Regeln der Anstalt doch kenne und wenn sie dagegen verstoße, wisse sie genau, was passierte. Und dass er sich schon darauf freue, ihr vor allen Augen das Röckchen hochzuklappen, ihren Kopf in Richtung Zuschauer zu drehen, sie die Hände auf dem Boden aufsetzen zu lassen und dann genüsslich zuzuschlagen.

Er flüsterte, dass er so ein unanständiges Verhalten nicht dulden könne, das müsse sie doch einsehen. Dass er sich schon auf ihren Kopf freue, der rot und röter werden würde – nicht nur aus Scham, sondern weil die Position so gewählt war, dass ihr alles Blut in den Kopf floss. Dass er die Klasse entscheiden ließe, wie viele Schläge es gäbe. Und da die Mädchen alle sexuell erregt wären von der öffentlichen Demütigung und auch, weil sie so lange nicht kommen durften, würde es natürlich immer eine geben, die »mehr!« riefe – und so würde diese Bestrafung wohl sehr lange dauern.

Während er ihr das ins Ohr flüsterte, konnte Sarah die Beine nicht schließen, so sehr sie sich auch anstrengte. Er nahm die Hand wieder kurz weg und tippte damit gegen die Klammern. Wieder schoss ihr der Schmerz wie ein Blitz zwischen die Beine, direkt in die Klitoris. Er lachte und sagte: »Na, ist das nicht schön, so weit gespreizt zu sein? Ich komme einfach überall so wunderbar ran.«

Er kreiste und glitt … und es baute sich in ihr auf und baute sich auf und auf und dann … kam es ihr ganz plötzlich in einem harten, heftigen Orgasmus und sie jammerte und sabberte dabei in seine Hand auf ihrem Mund.

Im Moment ihres Kommens steckte er seine Finger in sie, denn er genoss es offenbar, die Krämpfe um seine Finger zu spüren.

Und dann schrillte der Alarm los.

***

»Ach, wirklich?«, sagte Mrs. Bauer noch einmal. »Bei einem Rollenspiel also! Na so was! Was denn für eins?«

»Ach … na ja«, sagte Sarah lässig und zwinkerte ihrem Gatten zu, der ihr von Weitem mit der Grillzange zuwinkte. »Nichts Spektakuläres. Kennen Sie *Die Werwölfe von Düsterwald*?«

Der strenge Chef

Loreena beobachtete aus dem Bürofenster im zweiunddreißigsten Stock, wie die Sonne langsam hinter der Skyline am Horizont verschwand. Es war siebzehn Uhr und Betty am Schreibtisch neben ihr packte gerade ihre Sachen zusammen. Gleich würde sie in den Feierabend verschwinden.

»Und wann genau hat er es dir gesagt?«, hörte sie Betty fragen.

»Heute Morgen.« Sie spürte, wie ihr Ärger wieder hochkam.

»Oh, dann war er dieses Mal ja früh dran.« Betty grinste.

Obwohl sie Bettys Galgenhumor mochte, konnte sie gerade nicht lachen. William hatte ihr tatsächlich erst am Vormittag mitgeteilt, dass er sie heute noch brauchte. Heute, an ihrem Geburtstag! Es würde dauern, hatte er gemeint, mindestens bis zweiundzwanzig Uhr, vielleicht sogar länger. Kein früher Feierabend also. Warum, verdammt, hatte er ihr nicht früher Bescheid gegeben?

Jetzt musste sie das dritte Date in Folge absagen. Dieser Sklaventreiber zerstörte einfach jede Planung. Und ihr Privatleben dadurch gleich mit. Das Schlimmste war: Sie konnte sich nicht mal beschweren. Den miesen Bedingungen ihres Jobs hier hatte sie selbst zugestimmt, damals bei ihrem Einstellungsgespräch.

»Bedenken Sie, dass Sie Ihre persönlichen Interessen zurückstellen müssen, wenn Sie hier anfangen wollen.« Loreena erinnerte sich noch genau an den Wortlaut und an seine Stimme dabei: selbstgerecht, arrogant, gewohnt, dass alle vor ihm krochen. »Das ist die Voraussetzung für den Job. Die besondere Klausel. Sie verstehen?« Wie er sie dabei angesehen hatte. So abschätzig, so von oben herab.

Als sie zaghaft genickt hatte, hatte er sich in seinem Sessel zurückgelehnt, die Arme verschränkt und sie von oben bis unten betrachtet. »Denken Sie noch mal nach: Ihr Privatleben wird zweitrangig. Die Firma steht für Sie an erster Stelle. Keine Ausnahmen. Sie werden immer auf Abruf bereit sein. Sind Sie sicher, dass Sie das können?«

Was hätte sie denn machen sollen? Sie hatte den Job so dringend gebraucht!

Aus ihrem vorherigen Job als Barfrau im *Blauen Kater* war sie von einer Sekunde auf die andere gefeuert worden. Wegen des Vorfalls. Sie hatte sich nicht mal mehr erklären können.

Der Vorfall war dieser: Sie hatte damals Schulden bis über die Ohren gehabt, war verzweifelt, hatte nicht einmal mehr gewusst, wie sie die nächste Miete bezahlen sollte.

Und das alles nur wegen ihres verdammten Schuhticks. Sie hatte ihre Kreditkarte für Krokoschuhe, Riemchenpumps und Lackstiefel eingesetzt, als gäbe es keinen Morgen mehr. Und dann, als die Mahnungen kamen, hatte sie den größten Fehler ihres Lebens begangen: Sie hatte Geld aus der Kasse des *Blauen Katers* genommen – zur Überbrückung, versteht sich. Es war eine Kurzschlussreaktion. Sie wollte das Geld wirklich nicht klauen, sondern nur leihen. Das war die Wahrheit. Aber das hatte keine Rolle mehr gespielt. Sie war erwischt worden, die Chefin der Bar hatte sie gefeuert und mit zusammengepressten Lippen beobachtet, wie sie ihre Sachen gepackt hatte. Dabei hatte sie Loreena argwöhnisch keine Sekunde aus den Augen gelassen, als könnte sie gleich wieder in die Kasse langen. Danach hatte Loreena eine Anzeige wegen Diebstahls am Hals gehabt, immer noch Schulden und keinen Job mehr.

Das Problem war: Mit so einem Zeugnis, so einer »kriminellen« Vergangenheit, nahm einen keiner mehr. Loreena war überall abgelehnt worden. Überall. Nicht mal Klos in der Schule hatte man sie putzen lassen. Jeder, der ihr Zeugnis sah, verschränkte die Arme vor der Brust, sah sie misstrauisch an, schüttelte den Kopf und schickte sie weg.

Dieser Job hier, zu dem Betty ihr verholfen hatte, mit der sie schon ewig befreundet war und die ihre Geschichte natürlich kannte, war das Licht am Ende des Tunnels. Betty war genau genommen ihre Retterin. Denn sowohl die Bewerbung als auch das Einstellungsgespräch – alles war informell abgelaufen. Man hatte keine Zeugnisse von ihr verlangt, daher hatte niemand von dem Vorfall in der Bar erfahren. Loreena wusste nicht, was Betty dem Chef über sie erzählt hatte. Betty hatte ihr später gesagt, sie habe ihm nur gesagt, in Loreenas Leben sei nicht alles glatt gelaufen, aber sie lege die Hand für sie ins Feuer. Das war dann wohl für William ausreichend. Betty war vertrauenswürdig, sie arbeitete schon seit Jahren in der Kanzlei.

Sie werden auf Abruf immer bereit sein. Sind Sie sicher, dass Sie das können?

Loreena erinnerte sich auch noch genau an ihre Antwort vor zwei Jahren: »Ja, ich bin sicher. Das wird kein Problem!«

War es ein selbstbewusstes »Das wird kein Problem«? Oder eher ein selbstgerechtes? Oder einfach eins, das aus ihrer damaligen Verzweiflung geboren war? Tatsache war: In jenem Moment war sie sich tatsächlich sicher, dass es kein Problem werden würde, und damals war es auch keins.

Aber Dinge ändern sich. Sie war wieder auf die Beine gekommen, hatte nach und nach die Schulden abbezahlt und auch ihr Privatleben hatte sich geändert. Irgendwann hatte sie damit begonnen, die Fühler auszustrecken, wie man so schön sagte, hatte angefangen, Männer zu daten.

Was ihr jetzt so zu schaffen machte, war die ewige Ungewissheit über ihre Arbeitszeiten. Ihr Chef ließ sich einfach nicht in die Karten blicken, nie wusste sie im Voraus, ob sie frei hätte oder nicht. Es war diese Willkür, die sie zunehmend nervte.

William war Perfektionist und seine Arbeit makellos, aber mehr noch war er ein Egoist und Sklaventreiber. Sein Erfolg hing auch von der Leistung seiner Mitarbeiter ab und die behandelte er wie ein Despot. Aber wenn er sie jetzt nur deshalb länger in der Kanzlei behielt, damit sie ihn die Nacht hindurch mit Kaffee bediente und nicht etwa für etwas Wichtiges, würde sie ihm diesmal die Stirn bieten. Irgendwann war es einfach zu viel. Es gab Grenzen!

Loreenas Wut schwang sich hoch und … fiel abrupt wieder in sich zusammen. Was für eine bescheuerte Idee! William die Stirn zu bieten, ähnelte der Idee der Maus, die Katze zu fressen. Sie würde sich seinen Wünschen beugen, wie immer. Natürlich. Sie würde – wieder einmal – still und brav ihre Arbeit erledigen. Aber irgendwann … irgendwann würde sie ihm ein Schreiben hinterlassen. Kurz und bündig. Nur diese zwei Worte: »Ich kündige!«

Aber auch das war natürlich Unsinn.

Ihre Vergangenheit und damit der Vorfall im *Blauen Kater* prangten immer noch in ihren Zeugnissen, ein fetter schwarzer Fleck auf ihrer Weste. Sie würde keinen anderen Job finden. Sie war an die Kanzlei und damit an William gekettet.

»Ruf mich an, wenn ihr fertig seid«, sagte Betty. »Vielleicht hast du ja später noch Lust, was zu unternehmen. Wir gehen ins D-Line. Michael ist auch da.«

»Der Typ, von dem du erzählt hast?«

»Ja, der Banker.«

Loreena seufzte und hörte im Geiste wieder Williams Stimme: *Mindestens bis zweiundzwanzig Uhr, Loreena, vielleicht länger. Sehr wahrscheinlich sogar länger*, dachte Loreena. Und ehe sie dann zu Hause wäre, geduscht, umgezogen und ausgehfertig … Da wäre der Abend schon wieder vorbei.

»Ich fürchte, dass es wirklich spät wird, Betty«, sagte sie leise. »Ich werde bestimmt nicht mehr kommen.«

Betty gab ihr einen Kuss auf die Wange. »Ach, Lory, Schatz, nimm's nicht so tragisch. Irgendwann klappt das schon. – Übrigens: Happy Birthday!« Sie wedelte mit einem kleinen Umschlag durch die Luft. »Wollte ich dir eigentlich erst heute Abend geben.«

»Was ist das?« Sie machten sich eigentlich keine Geschenke.

»Zwei Kinogutscheine. Für dich und …« Betty grinste. »Wer weiß – vielleicht nimmst du ja bald Michael mit?«

»Danke, Betty, wie süß von dir!«

»Ich muss jetzt los. Mach's gut und lass dich nicht ärgern von unserem geliebten Chef!« Dann ging sie, den Daumen und kleinen Finger als Telefonhörer ans Gesicht haltend, mit einem stummen »Ruf mich an« auf den Lippen durch die große Glastür und stieg in den Aufzug.

Loreena hörte das Summen, mit dem sich die Fahrstuhltüren hinter Betty schlossen, dann herrschte Stille im Großraumbüro. Die große Uhr an der Wand zeigte zehn nach fünf an. Ein leises Quietschen von irgendwo weit weg verriet Loreena, dass der mexikanische Angestellte der Reinigungsfirma seinen kleinen Putzwagen mit dem aufgehängten Müllsack durch die Gänge schob.

Loreena legte die Kinogutscheine auf ihren Schreibtisch, lächelte über die Überraschung und begann dann, alte Unterlagen durchzusehen und zu sortieren.

***

»Krrrzzz …« Das durchdringende Schnarren der Gegensprechanlage hallte durch das riesige, leere Büro. Loreena zuckte zusammen. Ein Räuspern folgte dem Schnarren und dann sprach eine männliche Stimme: »Loreena, bringen Sie mir einen Kaffee!« Und nach einer kurzen Pause: »Sofort!«

Sie seufzte, erhob sich und in die Küche ging. Alles musste immer sofort sein. Als könnte sie zaubern! Das Wasser musste erst heiß werden und durch den Filter laufen, den sie gerade mit Kaffeepulver füllte, und dass diese Prozedur etwas dauerte, war normal. Darauf hatte sie verdammt noch mal keinen Einfluss, auch wenn er sie gern für jede Kleinigkeit verantwortlich machte. Während der Kaffee durchlief, sah sie aus dem Fenster den letzten Sonnenfetzen hinter der Skyline verschwinden. Dramatisch. Und blutrot.

Nachdem der letzte Tropfen Kaffee endlich in der Kanne gelandet war, schnappte sie sich das Ding und flog förmlich durch die Gänge damit, bis sie bei der letzten Tür angekommen war.

Blank polierter Stahl, schwarze Einlässe und eine Isolierung, die jedes Geräusch erstickte, so als würde man einen Atombunker betreten. Interessanterweise war es die einzige Tür im Gebäude, die auf diese Weise isoliert war. Warum nur hatte er seine Bürotür hermetisch absichern lassen? Das hatte sie sich schon öfter gefragt.

Klopfen war zwecklos. Man konnte von innen nicht hören, was außen vor sich ging, und umgekehrt war es dasselbe. Am Türrahmen befand sich ein kleiner Taster, der ein Signal auf der anderen Seite auslöste, wenn jemand vor der Tür stand. Nur mit Williams Codekarte oder von innen konnte die Tür geöffnet werden, die mit einem kleinen Klicklaut wenige Zentimeter aufsprang, sobald die Schließzylinder sie freigaben.

Erst jetzt fiel ihr auf, dass sie, statt den Kaffee in eine Tasse zu gießen, die Kanne mitgeschleppt hatte.

»Oh, Mist!«, fluchte sie leise, aber da war die Tür schon aufgesprungen und sie konnte nicht mehr zurück. Verdammt, jetzt würde sie sich wieder einen dummen Spruch anhören müssen, der Williams »männliches Denkvermögen« und ihr »weibliches Unvermögen« thematisierte, dann erst würde er sie großzügig entlassen und sie würde die Tasse holen.

William saß an seinem gigantischen Glasschreibtisch und hatte die Tischleuchte bereits eingeschaltet. Als Loreena eintrat, bemerkte sie, dass noch jemand im Raum war. Ein Mann saß mit dem Rücken zu ihr vor Williams Schreibtisch.

»Na endlich, Loreena. Ich nehme an, Sie mussten die Bohnen noch pflücken?«

Da war er schon, der erste Kommentar.

»Ich … ähm … ich hab …«, begann sie und brach ab. Na toll! Was hatte dieser Typ nur an sich, dass er sie so verunsicherte? »Also … ich …« *Jetzt reiß dich doch mal zusammen, Loreena*, schalt sie sich innerlich.

»Keith, das ist Loreena, meine Assistentin«, unterbrach er ihr peinliches Gestotter.

Wow, dachte Loreena. Hatte er sie gerade befördert? Leibeigene wäre wohl der passendere Ausdruck für das, was er mit ihr tat, aber sie versuchte mit aller Macht, das Wort Assistentin als Kompliment aufzufassen und es als Entschädigung für die erniedrigenden Sticheleien der letzten zwei Jahre, für die unbezahlten Überstunden und ihre vielen wegen ihm geplatzten Verabredungen zu betrachten.

Keith drehte sich zu ihr um. Er trug einen Anzug, der auf diese ganz bestimmte unauffällige Art extrem teuer aussah. Er hatte graue Schläfen.

»Wenigstens haben Sie mitgedacht und gleich die Kanne gebracht.« War das ein Lob oder Ironie? »Wenn Sie uns jetzt noch zwei Tassen bringen könnten, dann müssen wir nicht aus derselben Kanne trinken.« Er schaute nicht ein einziges Mal von den Unterlagen auf, die er vor sich ausgebreitet hatte. »Sie dürfen gehen!«

»Ja, danke, Chef«, sagte sie und drehte sich auf dem Absatz um, um so rasch wie möglich aus dem Büro zu verschwinden.

»Ja, danke, Chef«, äffte sie sich draußen auf dem Gang selbst nach. Sie ärgerte sich. Selbst ein Wackeldackel hätte sich schlagfertiger gegeben.

Als sie das zweite Mal das Büro betrat, diesmal mit den Tassen auf einem Tablett, zwei Löffeln, einem Kännchen Sahne und einem Zuckerbecher, ignorierten die Männer sie komplett. Sie waren in ein Gespräch vertieft und würdigten sie keines Blickes, während sie die Tassen vor beide stellte und eingoss. Sie kam sich so unsichtbar wie Luft vor.

Als Loreena das Büro gerade wieder verlassen wollte, sagte William: »Schöne Schuhe übrigens.«

Sie blieb stehen, drehte sich um. »D... danke«, stotterte sie.

Es waren rote Pumps, ein Paar von jenen vielen, wegen derer sie sich einst so verschuldet hatte. Der Absatz war nicht rekordverdächtig, aber trotzdem nichts für Ungeübte. Sie hatte damals einfach nicht widerstehen können, weil sie einen so unglaublichen Hüftschwung zauberten. Sie waren hot, aber nicht aufdringlich. Sie wären perfekt für eine Verabredung. Nur leider gab es heute Abend aus bekannten Gründen keine. Wieder spürte sie, wie sich Ärger in ihr regte.

»Neu?«

»Nein«, sagte sie und versuchte, nicht patzig zu klingen. »Ein Geschenk meiner Schwester zum Geburtstag letztes Jahr.« *Jener Geburtstag, an dem ich gefehlt habe, weil Sie mich die ganze Nacht mit einem Stapel Akten im Büro eingesperrt haben, obwohl Sie genau wussten, dass ich etwas vorhatte. Ich hatte Ihnen zwar nicht gesagt, dass es mein Geburtstag war, aber Sie wussten, dass der Tag irgendwas Besonderes für mich war, Sie herzloses Arschloch.* Das hätte sie lieber geantwortet. Aber sie zwang sich zu lächeln und verließ ohne Kommentar den Atomschutzbunker, dessen Tür hinter ihr, vom Unterdruck angesaugt, wieder eins wurde mit der Wand.

Zurück an ihrem Platz, beugte sie sich über ihre Akten. Solange William sie nicht in den Feierabend schickte, konnte sie nicht einfach gehen, auch wenn es im Moment gar nichts mehr zu tun gab, außer Bleistifte zu spitzen.

Ihr Handy summte. Eine Nachricht von Betty: *M. hat schon nach dir gefragt!* Dahinter ein Zwinker-Smiley.

Loreena biss sich auf die Lippe und überlegte, was sie antworten könnte, doch als sie das Zischen von Williams Bürotür hörte, ließ sie das Handy schnell unter dem Schreibtisch verschwinden.

Keith verließ die Räumlichkeiten und passierte Loreena mit einem stummen Lächeln auf seinem Weg nach draußen.

Sie schaute aus dem Fenster. Unter ihr breitete sich die Stadt aus. Einzelne Türme und Wolkenkratzer spießten die Luft auf. Es war längst dunkel geworden und die Neonlichter verwandelten die Straßenzüge in leuchtende Schlagadern. Irgendwo dort unten in diesem nächtlichen Lichtermeer lag das D-Line und dort saß Betty mit ihren Freunden und einem heißen Typen namens Michael, der schon nach ihr gefragt hatte …

»Krrrzzz …« Die Sprechanlage. »Loreena, holen Sie das Zeug noch ab oder was?!«

Ähm, was? »Natürlich, ich komme!«

Zeug? Welches Zeug? Wieder flog sie durch die Gänge auf die große schwarz-silberne Tür zu. Wieder zischte es und sie wurde eingelassen.

Nur die grüne Schreibtischleuchte erhellte noch den Raum. Es war ein Original aus der Londoner Bibliothek. Ihr Chef besaß nur Originale, nichts Nachgemachtes. Auch die Bilder an den Wänden waren echt, keine Reproduktionen.

William saß in seinem großen (echten) Ledersessel und hielt eine Akte in der Hand. Auf dem Tisch standen die leere Kanne und die beiden Tassen, daneben lag ein in glitzerndes Papier eingepacktes Schächtelchen. Die Stimmung im Raum war irgendwie seltsam, anders verunsichernd als sonst, doch sie versuchte, sich nichts anmerken lassen.

Für wen war die Schachtel bestimmt? Für seine Ehefrau? Die gab es doch gar nicht, zumindest wusste Loreena nichts von einer und das war eins der Details, die sie als seine persönliche Assistentin seit zwei Jahren ja wohl wissen müsste. Schließlich betreute sie seinen Kalender. Eins wusste sie genau: Es gab keinen Eintrag, der einen Hochzeitstag erwähnte und für sie bedeutet hätte, Blumen zu besorgen.

Eine Geliebte also? Natürlich, das war es. Warum auch nicht? Er sah unverschämt gut aus, das war nicht zu leugnen.

Er kleidete sich in Anzüge, die den Wert eines Kleinwagens besaßen. Das wusste sie, weil er sie mehr als einmal einen maßgeschneiderten Anzug von der Schneiderei hatte abholen lassen und sie einen verstohlenen Blick auf die Rechnung geworfen hatte. Er benutzte ein hypnotisch duftendes Aftershave, bei dem sie immer an Dschungel und Hitze denken musste. Er hatte dunkelbraune Augen und diesen speziellen Raubtierblick, der sie jedes Mal so verwirrte. Seine gerade Nase passte perfekt zum markanten Kinn. Sein Körper war leicht gebräunt und – soweit sie es unter den Hemden erahnen konnte – durchtrainiert. Er verbrachte offenbar täglich zwei Stunden im Fitnessstudio, schließlich ließ er sich seine Trainingseinheiten als Termine vormerken. Kurz gesagt: William war eine Zehn.

Es gab nur ein Problem: Er war nicht nett. Niemandem gegenüber. Nein, er war überhaupt nicht nett. Und weil sie das wusste, irritierte sie diese kleine Schachtel ungemein. Welche Frau hatte es geschafft, diesem Typen eine nette Geste abzutrotzen?

»Sie entschuldigen die Überstunden hoffentlich, Loreena? Ich bin einfach gerade lieber im Büro als zu Hause.« Wie bitte? War das tatsächlich eine Entschuldigung gewesen? »Hier ruft meine Mutter mich nämlich nicht an und nervt.«

Na toll. Jedes positive Gefühl, das gerade im Entstehen gewesen war, verkümmerte augenblicklich wieder. Er hatte also eine Mutter, die sich um ihn sorgte, aber ihre Anrufe nervten ihn. Er war und blieb ein herzloser Despot.

»Meine Mutter hat sich erst kürzlich getrennt, müssen Sie wissen.«

Wie trocken er das sagte, wie mitleidslos.

»Das tut mir sehr leid«, sagte Loreena und fragte, ohne darüber nachzudenken, dass es vielleicht zu persönlich war: »Wie sieht Ihr Vater das Ganze denn?«

Jetzt schaute William ihr das erste Mal in die Augen und sie sah die Verwunderung darin. Offensichtlich empfand er ihre Nachfrage als so unpassend wie einen Eisbären in der Sahara. Sie biss sich auf die Lippe. *Verdammt.*

»Ich denke nicht, dass er sich dazu geäußert hat. Vermutlich ärgert er sich einfach nur, dass er sich einen neuen Gärtner suchen muss.«

Loreena verstand nur Bahnhof. »Ähm … wie bitte?«

»Loreena, meine Eltern haben gleich nach meiner Zeugung, möglicherweise auch schon lange vorher, aufgehört, eine normale Ehe zu führen. Sie haben sich nicht umeinander gekümmert, haben in verschiedenen Flügeln im Haus gelebt und sind sich nur selten begegnet.«

Bitte was?

»Es war ein großes Haus«, schob er nach.

Die beiden lebten also im selben Haus und begegneten einander kaum? »Und … ähm … Sie selbst? Sie waren …«

»Machen Sie sich keine Sorgen, Loreena. Ich war in der Obhut meiner Nanny.« Er schien sich über ihren Gesichtsausdruck zu amüsieren, aber ehrlich, das war doch alles nicht normal. Er wirkte, als würde ihn nichts davon tangieren, aber Loreena konnte sich nicht vorstellen, dass jemanden, der so aufwuchs, diese Situation nicht störte. Andererseits erklärte das eine ganze Menge …

»So, und das hier ist für Sie, Loreena«, riss er sie aus den Gedanken und schob ihr die kleine, glitzernde Schachtel zu. Sie hatte eine rosafarbene Schleife.

»Für m… mich?« Sie fühlte ihre Kinnlade runterkippen. »Aber … wofür denn?«

»Wofür? Sie haben doch heute Geburtstag, oder nicht?«

Nicht wahr! »Aber woher …«

»Betty hatte das am Anfang mal erwähnt.«

Sie hatte was? »Aber wieso erzählt sie Ihnen denn so was?«

»Ganz einfach: Weil wir am selben Tag Geburtstag haben. Das war so ein kleines Detail, das mir gefallen hat.«

Dann hatte er letztes Jahr, als er sie zu ihrem Geburtstag bis weit nach Mitternacht hatte schuften lassen, ebenfalls Geburtstag gehabt? Er hatte diesen Tag hier mit ihr im menschleeren Büro verbracht, statt mit Freunden oder einer Geliebten zu feiern? Merkwürdig. »Das … das wusste ich nicht, dass Sie heute Geburtstag haben«, stammelte sie. »Ich hab nichts für Sie.«

»Sie sind verlässlich, das reicht mir. Ich umgebe mich an meinem Geburtstag gern mit kompetenten Leuten, die was im Kopf haben. Das war wohl nicht immer zu Ihrem Vorteil. Ein unglücklicher Umstand, dass die beiden Daten aufeinanderfallen. Ich muss mich wohl für die Vergangenheit entschuldigen.«

Ihr stockte der Atem. Er entschuldigte sich, er lobte sie und machte ihr ein Geburtstagsgeschenk. Sie achtete darauf, den Unterkiefer nicht allzu weit absacken zu lassen.

»Bringen Sie das Geschirr raus und machen Sie Feierabend. Ich brauche Sie heute Abend nicht mehr. Genießen Sie Ihren Geburtstag. Es gibt doch bestimmt jemanden, der auf Sie wartet.«

Loreena dachte nicht im Traum daran, jetzt zu verschwinden. Sie musterte William. Diese Raubtieraugen, sein glatt rasiertes, männliches Kinn, das volle Haar, von dem kein einziges grau war, obwohl ein Mann bei dieser Art Arbeit schnell altern konnte. Wie alt mochte er wohl sein? Ende dreißig? Älter?

Sie sah auf seine Hände, die kräftig waren und gepflegte Nägel hatten. Sie sah die kleinen Schwielen an den Fingergliedern, von den Hanteln.

William schluckte trocken, ließ sich betrachten und schaute zurück. Er sagte kein Wort und eine halbe Ewigkeit zog dahin, bis sie einen Schritt näher kam, während er in diesem schweren Ledersessel thronte wie ein Fürst.

Dieser Moment war seltsam, anders als alle anderen zuvor. Es lag nicht daran, dass sie allein waren. Sie war mehr als einmal bis spätnachts allein mit ihm im Büro. Sie hatte durchgearbeitet bis zum Morgengrauen, hatte Akten geliefert und wieder aufgeräumt, Kaffee gekocht und hin und wieder erschöpft auf die Uhr gestarrt. Jetzt dehnten sich die Sekunden ebenfalls wie Lichtjahre, aber trotzdem war es anders.

Sie dachte nicht nach, sondern handelte instinktiv und griff nach seiner Hand. »Danke«, hauchte sie und setzte sich dann ihm gegenüber auf den Schreibtisch. Der Rock rutschte dabei ein wenig höher und gewährte einen Blick auf ihre Schenkel. Sie trug Strümpfe, wie immer an ihrem Geburtstag – das war eine kleine Exaltiertheit, die sie sich gönnte –, und der schwarze Spitzensaum schaute jetzt einige Millimeter hervor.

Ein unsichtbarer Blitzschlag schien durch den Raum zu zucken. Ihr war, als würde die Luft britzeln. Automatisch richteten sich ihre Brustspitzen auf.

Und dann tat er es. Kaum spürbar und nur eine Zehntelsekunde lang, aber fest und lang genug, um ein Signal zu senden, schlossen sich seine Finger um ihre.

Loreena sah den von Erfolg getriebenen Perfektionisten, der sie zwei Jahre lang so getriezt hatte, das erste Mal mit anderen Augen. Ein ungeliebter, ehrgeiziger Einzelkämpfer, der sich nur über Siege definierte und keine andere feste Größe in seinem Leben kannte als den Triumph über Kontrahenten.

Ein gebildeter, gut aussehender Mann, stark, klug, erfolgsverwöhnt, aber einsam. Deshalb hatte er sie nächtelang hierbehalten. Sie hatte wie er auf alles verzichtet, Treffen abgesagt, Freunde vertröstet.

Sie rutschte näher, während er den Blick für einen kurzen

Augenblick von ihr abwandte. War das Scheu? Sollte an jenem Abend etwa das Undenkbare geschehen? Klaffte dort plötzlich ein Riss im Panzer?

Langsam legte sie die zweite Hand auf seine. Williams würziger Aftershavegeruch drang ihr in die Nase und sie atmete tief ein. Sein erwartungsvoller und zugleich scheuer Blick ließ sie mutiger werden. Sie packte mit der Linken seine Krawatte und er erhob sich aus dem Sessel. Mit einem Ruck zog sie ihn näher zu sich und lehnte sich ihm entgegen, wohl wissend, dass sich die Machtverhältnisse in diesem hermetisch abgeriegelten Raum gerade vollkommen umgedreht hatten.

Williams Augen schlossen sich, bevor sie mit halb geöffneten Lippen seine berührte.

»Wieso hast du nie etwas gesagt?«, fragte sie leise.

William antwortete nicht. Er küsste sie lang und leidenschaftlich, wie sie es von einem Mann wie ihm erwartet hatte, als wollte er seine Stärke zurückgewinnen.

Und plötzlich ging alles ganz schnell. Er griff sie fest um die Hüften und schob sie weiter auf den großen Schreibtisch. Auf der anderen Seite stürzte ein Stapel Papiere über die Schreibtischkante. Auch ein Locher, die PC-Maus und einige weitere Papiere wurden von ihrem Hintern verschoben, ohne dass William sich davon irgendwie beirren ließ.

Während er sie weiter küsste, strich er mit einer Hand ihren kurzen Rock noch weiter nach oben. Seine Finger glitten über den zarten Spitzensaum ihrer Strümpfe, dann berührten sie ihre nackte Haut, die Innenseiten ihrer Schenkel.

Loreena konnte sich nicht erinnern, wann sie das letzte Mal so geküsst worden war. So wild. So bestimmend. Er saugte an ihrer Zunge, biss spielerisch in ihre Unterlippe, nur um wieder in sie einzutauchen. In der Zwischenzeit schoben sich seine Fingerspitzen höher, bis er den Ansatz ihres Slips erreichte.

Ein fester Griff an ihren Hintern mit der anderen Hand ließ Loreena kurz aufschrecken, dann streichelte er zärtlich über ihren Venushügel. Der einzige Schutz zwischen seinen Fingern und ihrer Klitoris war noch der dünne Stoff ihres roten Slips.

»Hm, rot. Eine interessante Farbe«, sagte er und lachte leise, als hätte er einen kleinen Sieg errungen.

In dem Augenblick, als er den Stoff beiseiteschieben wollte, stemmte sie sich mit dem linken Handballen gegen seine Schulter und stieß ihn zurück. Er stand verwirrt da. Dann hob sie einen Fuß, setzte den Hacken des roten Pumps auf den teuren Stoff über seinem Brustkorb und gab ihm einen leichten Tritt. Sie stieß ihn mit dem Fuß Richtung Sessel und er – wie hypnotisiert von ihrem Fuß und ihrer Geste – ließ sich tatsächlich wieder auf dem Sessel nieder.

Loreena stieg vom Schreibtisch und stellte sich vor den ungewohnt überrascht aussehenden Mann. Er sah ihr ins Gesicht, dann auf ihre Füße, die roten Pumps, und wieder hoch zu ihr. Sie warf einen kurzen Blick auf seine Hose, auf die Wölbung, die sich sichtbar gegen die Nadelstreifen drückte. William war erregt.

Als sie sich vor ihn hockte, sah sie ihm die ganze Zeit in die Augen. Spürte dem Gefühl in sich nach, als sie bemerkte, wie sich seine Augen weiteten und Lust in seinen Blick geschwemmt wurde. Sie streckte die Hand aus und zog den Reißverschluss seiner Hose auf. Mit einem Finger zog sie die engen Shorts ein Stück herunter und ein traumhafter Schwanz sprang ihr kerzengrade und hart wie Marmor entgegen.

»Du hast keine Ahnung, wie oft ich den in der Hose hatte, während du mir Kaffee gebracht hast«, sagte er rau.

»Hm … hast du dir deshalb ständig Kaffee bringen lassen?«, fragte sie und ließ den Zeigefinger quälend langsam über seinen Schaft fahren.

Er antwortete nicht, folgte nur hoch konzentriert mit dem Blick ihrem Finger.

Sie fuhr fort: »Ich hab jedenfalls mehr als einmal gedacht, dass du bald an einem Herzinfarkt stirbst, wenn du weiter so viel Kaffee trinkst.« Sie erreichte seine Eichel und ließ den Finger in sanften Kreisen über das gerötete Fleisch fahren. Befriedigt hörte sie, wie er die Luft einsog. »Wenn ich es genau bedenke, war das ganz schön frech. Du hast dich von mir bedienen lassen und es ging dir überhaupt nicht um den Kaffee!« Sie beugte sich über seinen Schwanz und saugte die Spitze ein.

Jetzt stöhnte er leise. Sie ließ die Zunge spielerisch über die pralle Eichel gleiten, machte alles nass und leckte dann wie ein Kätzchen. Unwillkürlich streckte er ihr seinen Unterleib entgegen. Wollte sie dazu bringen, ihn tiefer reinzunehmen, stärker zu saugen, schneller.

Nein. Nicht so!

Sie ließ seinen Schwanz wieder aus ihrem Mund gleiten, sah hoch. Lächelte.

Einen Augenblick lang fragte sie sich, ob sie lieber sich selbst oder ihn ausziehen wollte. Ihr Verlangen, seine nackte Haut zu spüren, war fast schmerzhaft. Wie lange schon hatte sie versucht, sich vorzustellen, wie er unter seinen edlen Hemden wohl aussehen mochte. Und so streifte sie seinen Krawattenknoten nach unten und begann die Knopfleiste zu öffnen, einen Knopf nach dem anderen, langsam.

Gleich beim ersten vorsichtigen Tasten, noch durch den Stoff hindurch, spürte sie seine muskulöse Brust. Sie schob das Hemd auseinander und legte Zentimeter um Zentimeter seinen prachtvollen Oberkörper frei. Es war fast zum Lachen, aber sie spürte tatsächlich, wie ihr das Wasser im Mund zusammenlief. Sie berührte seine Brust mit beiden Händen. Spürte die Muskeln, glitt mit den Fingern durch das weiche Haar. Sie mochte dieses Haar. Es war dunkel, weich und es gab nicht zu viel und nicht zu wenig davon – es war genau das richtige Maß. Sie fuhr mit allen zehn Fingern hindurch, sah, wie er lächelte, berührte mit den Nägeln seine Haut und er schloss genussvoll die Augen.

Da nahm sie die Hände weg und er machte die Augen wieder auf.

Sie knöpfte ihre enge Bluse auf, zeigte ihm ihren BH: rot. Zarte Spitze. Sie sah, wie er schaute, und strich mit den Fingern über den Rand des BHs, ihre vollen Rundungen entlang. Beobachtete, wie sein Blick wie paralysiert der Bewegung ihrer Hände folgte.

Dann schob sie den BH nach unten und holte ihre Brüste hervor. Weich, rund, hellhäutig und mit rosigen Spitzen, die jetzt fest waren, fast schon unanständig hart.

Langsam beugte sie sich nach vorn über seinen Schwanz und ließ ihre Brustspitzen hintereinander seinen Schaft und seine Eichel küssen, während sie ihm tief in die Augen schaute.

Im nächsten Moment umkreiste ihre Zunge wieder die Spitze seiner harten roten Eichel, leckte den salzigen Tropfen ab. Sie ließ die Lippen über seinen Schaft gleiten, tiefer, spürte, wie der Speichel zu fließen begann, wie sie sabberte, ihn nass machte. Und wieder hoch, die Zunge zurück über seine Eichel – sie trippelte mit der Zungenspitze darüber hinweg, schleckte, leckte – und dann wieder mit den Lippen am Schaft entlang nach unten, den sie wild kreisend mit der Zunge umspielte. Sie ging, so tief sie konnte, ließ den Speichel einfach laufen und William konnte sich schließlich nicht mehr zurückhalten: Ein lautes, raues Stöhnen hallte durch die dunklen Büroräume.

Sie begann sich zu bewegen, hob und senkte das Becken, dann spürte sie seine Hände in ihrem Kopf. Er wollte sie festhalten, um sie präziser in den Mund ficken zu können.

Sie entwand sich seinem Griff, hob den Kopf, sah ihn an. Sie berührte seinen Schwanz nicht mehr. »Nein«, sagte sie. Er sah erschrocken aus. Sie fuhr fort: »Ich ficke dich, nicht andersrum. Haben wir uns verstanden?«

Sie sah, wie eine neue Welle von Lust seinen Blick flutete, eine stärkere, größere als vorhin. Er stöhnte leise auf, dabei hatte sie ihn noch gar nicht berührt.

Wieder beugte sie sich über ihn, fuhr mit Lippen und Zunge seitlich über seinen glühenden Schwanz, dann wieder empor und saugte die Eichel ein. Umfasste sie fest mit den Lippen, begann mit nassen Auf- und Abbewegungen. Sie saugte und lutschte ihn wie ein Eis am Stiel. Wenn sie spürte, dass er sich ihr unwillkürlich entgegenhob, legte sie die Hand auf seinen Bauch und drückte ihn zurück, erinnerte ihn mit dieser Geste an ihre Worte von eben.

Nach einer Weile ließ sie seinen Schwanz wieder aus ihrem Mund gleiten, leckte tiefer, bis hinunter zu seinen prallen Eiern. Auch diese nahm sie nun eins nach dem andern in den Mund, saugte sie sanft, aber unerbittlich zwischen die Lippen, massierte sie mit der Zunge, machte sie nass, umkreiste, streichelte und kitzelte sie, zusätzlich die weiche Haut des Hodensacks. Sie tat dies zärtlich mit der Zungenspitze, während er den Kopf zurückwarf, leise stöhnte, dagegen ankämpfte, mitzuficken, und sich dann ergab und immer tiefer in den Sessel sinken ließ.

Sie staunte selbst über ihren Mut und ihre Natürlichkeit, als sie sich einfach in die Hand spuckte, dann seinen Schwanz packte und feucht auf und ab glitt, während ihre Lippen und Zunge weiter seine Spitze bearbeiteten.

Sie hörte, wie er schneller atmete, lauter stöhnte.

»Ich hab keine kleine Schachtel für dich«, sagte sie lüstern, während ihre Hand weiterarbeitete. »Aber ich mache dir heute Abend trotzdem ein Geschenk. Etwas Besonderes, ja?«

Sie sah zu, wie er verspätet und wie im Delirium nickte. Das Blut, das sonst sein Gehirn versorgte, war ganz offenkundig gerade an einer anderen Stelle. »Also, hör mir zu: Ich will es sehen. Wie es dir kommt. Ich will, dass du den Saft hier drin …« – sie griff nach seinen Hoden und begann sie zärtlich geschickt zu massieren, was er mit einem tiefen Seufzen quittierte – »… über meine Brüste verteilst.« Sie ließ ihre Hand weiter seinen Schwanz hinauf und hinunter gleiten, während die andere seine Eier streichelte. »Verstehst du: Ich will, dass du für mich kommst! – und zwar ohne, dass du selbst aktiv wirst.«

Sie hatte jetzt die Kontrolle, glitt schneller und fester auf und ab, ließ dieses Prachtexemplar von Schwanz nicht entkommen, während sie seine Hoden und schließlich den empfindlichen Damm streichelte. Sie feuerte ihn leise an, betrachtete sein lustverzerrtes Gesicht, küsste ihn leidenschaftlich, fordernd und ließ ihn dann zurück mit offenem, nassem Mund, glitt mit den Nägeln über die zarte Haut seines Hodensacks, flog mit der anderen hin und her, spuckte nochmals auf ihre Hand und seinen Schwanz, machte ihn nass, und – brachte ihn bis kurz vor den Höhepunkt. Sie sah, wie es ihn fast überkam, sah, wie sehr er es genoss, die Kontrolle abzugeben. Und – wurde langsamer.

»Willst du kommen?«, fragte sie hintergründig lächelnd.

William starrte sie keuchend an und nickte.

»Willst du kommen, hab ich gefragt!« Ihr Ton wurde fordernder, ihr Blick eindringlicher und die Bewegungen heftiger.

»Ja, ja, ich will«, keuchte er. »Ich will kommen, bitte lass mich spritzen! Hör nicht auf, ich bin gleich so weit, gleich, gleich …!« Und kaum war das letzte Wort ausgestoßen, kam es ihm. Sein Schwanz zuckte heftig, seine Augen rollten nach hinten und er spritzte, genau wie sie es verlangt hatte, auf ihre Brüste.

Doch sie war noch lange nicht fertig mit ihm. »Glaub ja nicht, dass das alles war. Ich habe heute auch Geburtstag! Und ich will gefickt werden. Da du mir das versaut hast, wird das jetzt zu deinem Job. «

Sie sprach das Wort Job so aus wie er damals, als er beim Bewerbungsgespräch erklärt hatte: »Das hier ist Aufopferung. Und Aufopferung ist die Voraussetzung für den Job. Die besondere Klausel. Sie verstehen?«

Ihre Schenkel waren nass von ihrer eigenen Lust. Ihre Pussy war so heiß und geschwollen, dass sie es kaum mehr aushielt. Williams Schwanz ragte immer noch in die Höhe, obwohl er gerade eben erst gekommen war, und sie ergriff die Gelegenheit beim Schopf. Sie stand auf, zog sich das Höschen herunter und setzte sich auf ihn, versenkte langsam und genießerisch seinen Schwanz in ihrer Spalte.

Wow. Er füllte sie ganz aus. Sie staunte über die Heftigkeit der Lust, die sie dabei empfand. Als sie auf ihm saß, blieb sie für einen Augenblick so, ohne sich zu bewegen, und kostete das Gefühl aus. Dann begann sie, sanft mit den Hüften zu kreisen, und genoss es, zu sehen, dass es ihn erregte. Sie war unfassbar nass, als sie schließlich mit leichten Wippbewegungen begann, und spürte, wie sehr sie es gebraucht hatte.

Sie drückte William, der erneut vor Erregung stöhnte, ihre harten roten Knospen entgegen und befahl: »Leck meine Nippel, während ich dich reite!«

Er machte keine Anstalten zu rebellieren. Wild und sanft umkreiste seine Zunge die harten, aufgerichteten Brustwarzen.

Loreena zitterte vor Erregung. Sie spürte, dass sie sich mit jedem Auf und Ab ihres wilden Ritts dem Höhepunkt näherte. »Fester!«, sagte sie. »Saug dran!« und ihre Finger vergruben sich im dunklen Haar von Williams Hinterkopf. Sie presste ihn stärker an sich. Lenkte seinen Kopf. »Los, mach weiter, ich bin gleich so weit!«

Sie beschleunigte den Ritt noch, ihr Atem ging lauter und immer heftiger, bis ihr Körper schließlich von einem heftigen lustvollen Krampf erfasst wurde. Am Zucken seines Schwanzes spürte sie, dass auch William noch einmal zum Orgasmus gekommen war.

Sie hielt sein Gesicht noch immer an ihre Brust gepresst, obwohl er aufgehört hatte, an ihren Nippeln zu saugen, und nur noch schwer atmete, als hätte er einen Marathon hinter sich.

Dann ließ sie ihn los und erhob sich langsam. »Leck mich. Mach mich sauber.«

William sah sie verlegen, fast scheu an, aber er wehrte sich nicht, widersprach nicht.

Loreena setzte sich auf den Schreibtisch und spreizte die Schenkel. »Los!«, befahl sie.

Er kam näher und strich mit der Zunge über ihre nassen, warmen Schamlippen, die prall hervortraten.

Loreena seufzte erneut. So viel Erregung hatte sie lange nicht mehr gespürt. Der arrogante Typ im Anzug schaute von unten zu ihr herauf, während er sie leckte. Und er machte seine Aufgabe gut: Sanft umspielte er die kleine Perle, saugte kräftiger an den äußeren Schamlippen und versenkte seine Zunge hin und wieder tief in ihrer Spalte.

»Ich will etwas hören!«, sagte sie.

Das laute Schmatzen, mit dem er zwischen ihren Schenkeln antwortete, erregte Loreena nur noch mehr. Sie spürte eine zweite Welle in sich aufsteigen und viel schneller, als sie je gedacht hätte, schlug der zweite Orgasmus über ihr zusammen. Ohne Rücksicht presste sie seinen Kopf tief zwischen ihre Schenkel, damit er nur ja nicht mit der Zunge von ihrer Klitoris abließ, ehe sie vollends fertig war. Sie zitterte heftig.

Nachdem die Wellen langsam abgeklungen waren, stieß sie ihn weg – wie einen Hund, der nichts am Tisch zu suchen hatte.

William traute sich offenbar nicht, zu protestieren, im Gegenteil: Er schaute sie erregt und befriedigt an. Er atmete schwer.

Sie schaute ihm tief in die Augen, hob wieder den Fuß und ließ ihren roten Pumps über seinen Körper gleiten, über Brust und Bauch, bis hinunter zu seinem Schwanz. Sie stupste ihn mit der Schuhspitze an, spielte an ihm, ließ den Hacken über seine Eier gleiten. Sanft. Dann glitt sie vom Tisch und küsste ihn so wild und innig, wie sie schon lange keinen Mann mehr geküsst hatte.

»Das hast du sehr gut gemacht«, lobte sie ihn, wie man einen kleinen Jungen lobt, der eine Eins mit nach Hause gebracht hat. Sie griff nach ihrem Höschen, legte es ihm in die Hand und sagte: »Hier. Happy Birthday und bis morgen!«

Dann ließ sie ihn völlig verblüfft und nackt in seinem Sessel zurück.

***

Sie ging wie in einer Art Rausch nach Hause. Sie konnte sich nicht einmal an den Weg erinnern. Daheim fiel sie ins Bett und schlief fast augenblicklich ein.

Als sie am nächsten Morgen erwachte, glaubte sie für einen Moment, alles nur geträumt zu haben, bis sie ihre Klamotten auf dem Boden liegen sah, zerknautschte Zeugen des gestrigen Akts.

Sie lächelte, als sie aufstand und sich für die Arbeit fertig machte.

***

»Loreena, bringen Sie mir einen Kaffee!«, hallte es herrisch durch den Lautsprecher der Telekommunikationsanlage auf ihrem Tisch.

Der Tonfall war altbekannt. Letzte Nacht war offenbar ein seltsamer Ausrutscher. Sie selbst fühlte sich merkwürdig. Kaum in der Lage, in sein Büro zu gehen. Natürlich tat sie es dennoch.

Mit der größtmöglichen Gelassenheit stellte sie die dampfende Tasse auf den Schreibtisch. »Ihr Kaffee, Sir.«

»Loreena.« Er machte sich nicht die Mühe, sie anzuschauen.

»Ja?« fragte sie.

»Sie haben das gestern Abend vergessen.« Er zog das Päckchen mit der Schleife aus einer Schublade, schaute sie an und lächelte mit dem Charme und der Selbstsicherheit, die sie so sehr bewunderte. »Nächste Woche steht eine Menge an. Sehr wahrscheinlich brauche ich Sie dann abends noch einmal länger. Ich hoffe, das geht in Ordnung für Sie.«

»N… natürlich, Sir.« Sie griff nach dem Päckchen, öffnete die Schleife und klappte die Schachtel auf. Zum Vorschein kam ein Gutschein. Darauf das Label einer Edelmarke für Schuhe.

»Ich dachte, das könnte Ihnen vielleicht eine kleine Freude machen, Loreena«, sagte er und klang dabei fast schüchtern.

Sie spürte, dass sie errötete, aber er sah nicht auf, als sie »Danke« sagte. Ganz offenkundig war er mindestens so verlegen wie sie.

Im Hinausgehen drehte sie sich noch einmal um. Sie sagte: »Sie mögen Rot, wie ich seit letzter Nacht weiß. Was halten Sie von Schwarz? Schwarzes Krokoleder mit sehr spitzem, goldenem Absatz?«

Jetzt schaute William doch von seinem Schreibtisch auf. Er grinste wie ein kleiner Junge, dem man gerade einen Lolli geschenkt hat. »Schwarz ist gut«, sagte er. »Schwarz ist sehr, sehr gut!«

Stramm gestanden Soldat

Nur noch wenige Minuten, bis die Gäste einträfen.

Angelique steckte sich die Perlenohrringe an, ein Geschenk von Sébastien zu ihrem letzten Hochzeitstag. Sie fand sie ausgesprochen attraktiv, was sie fast ärgerte, vor allem, wenn sie bedachte, dass er damit billiger weggekommen war als mit dem Diamantcollier, das er ihr zum zehnten Jahrestag geschenkt hatte. Aber die Ohrringe passten einfach wunderbar zu dem azurblauen Kleid, das sie für den heutigen Abend gewählt hatte, und dieses wiederum harmonierte aufs Bezauberndste mit ihren grünblauen Augen.

Sie betrachtete sich im Spiegel und war zufrieden. François, ihr Coiffeur, hatte hervorragende Arbeit geleistet. Ihre blonde Mähne wirkte so prachtvoll wie eh und je. Niemand ahnte, dass die Nachhilfe, die es mittlerweile benötigte, eine kleine Ewigkeit dauerte und eine horrende Summe verschlang. Doch da Geld seit ihrer Hochzeit vor über zwanzig Jahren keine Rolle mehr spielte, war ihr das egal. Nur um die Zeit tat es ihr manchmal leid. Aber – egal. Angelique wollte auf keinen Fall einen Morgen erleben, an dem sie im Spiegel ein graues Haar entdeckte! Was für eine grässliche Vorstellung!

Allerdings wäre dieses graue Haar auch das nahezu einzige Anzeichen dafür gewesen, dass selbst sie einem Alterungsprozess unterworfen war.

Angelique war diszipliniert und die Schönheit und Jugendlichkeit ihres Körpers kein Zufall. Auch das wusste niemand. Sie bemühte sich sehr, ihre schlanke, grazile Gestalt so beiläufig wie möglich zur Schau zu stellen, sodass ihre Schönheit wie ein Zufall wirkte, quasi ganz unabsichtlich attraktiv.

Dabei steckte dahinter harte Arbeit. Ein eisernes Sportprogramm, ein strenger Diätplan, Gesichtsyoga, Meditationen und nicht zu vergessen: tägliches Informieren über die neuesten Erkenntnisse auf dem Kosmetikmarkt.

Auf diese Weise hatte ihr Körper sich trotz zweier Geburten und einundvierzigjährigen Daseins kaum der Zeit gebeugt.

Natürlich hatten sich einige wenige Fältchen in ihre Augenränder hineingeschlichen, aber um ehrlich zu sein, gehörten die sogar zu ihrer Strategie dazu: Sie wollte einfach nicht so glatt und porzellanhaft wirken wie gewisse Hollywoodgrößen, denen man schon von Weitem ansah, dass ihr Gesicht nichts anderes als eine mit Botox betäubte Maske war. Ihre Fältchen schienen darauf hinzuweisen, dass natürlich auch sie irgendwie alterte, aber auf eine so bezaubernde, so verzückend attraktive Weise, dass es einfach nur zum Niedersinken war.

Dass sie sich allerdings nicht nur äußerlich, sondern auch innerlich jung und springlebendig fühlte, lag nur zum Teil an der gesunden Ernährung, dem Sport, der Pflege, viel Schlaf, wenig Stress und kosmetischen Tricks, sondern vor allem an ihrer ganz besonderen Zutat: dem regelmäßigen Umgang mit weit jüngeren Männern.

Es klang merkwürdig, aber die Jugend der Männer schien etwas wie ein Verjüngungselixier zu sein, eine heimliche Ampulle, die, wenn sie sie trank, dazu führte, dass sie sich energetischer fühlte, gesünder und eben jünger. Die Schönheit schien danach regelrecht aus ihr herauszuglühen. Sie strahlte Lebensfreude aus wie die Sonne Hitze.

Manchmal, wenn sie sich vor dem Spiegel drehte nach einer besonders heißen Nacht mit einem ihrer jungen Lover – und in letzter Zeit war das Carlos, der Poolboy gewesen –, schien ihr, als pulsierte unter ihrer Haut eine Goldader, die sie mit feuerfarbenem Blut versorgte.

Leider gab es in den letzten Wochen ein kleines Problem. Carlos war einfach nicht mehr zur Arbeit erschienen. Keiner wusste, wo er steckte, und dass er auch ihr keine Nachricht hatte zukommen lassen, ärgerte sie. Vielleicht war er mit einer Jüngeren durchgebrannt, um mit ihr in der Ferne sein Glück zu finden?

Nein, das konnte nicht sein. Angelique kannte ihren Wert. Kaum eine Jüngere konnte mit ihr mithalten. Ob er krank geworden war? In letzter Zeit hatte er immer öfter so erschöpft gewirkt, so merkwürdig ermüdet, als hätte irgendetwas die Kraft aus ihm herausgesaugt. Vielleicht hatte er eine Grippe ausgebrütet, mit der er jetzt darniederlag?

Aber dann hätte er doch zumindest angerufen, um sich krankzumelden, oder? Wahrscheinlicher war, dass die Einwanderungsbehörde ihn geschnappt und wieder in die Heimat verfrachtet hatte.

Sie seufzte. Ach, es war einfach zu schade, denn er war wirklich talentiert gewesen, und damit meinte sie nicht nur seine Fähigkeiten als Poolboy. Carlos stammte aus Venezuela und war, wie wohl die meisten Leute aus dieser Gegend, ein wenig kurz geraten. Im Gegenzug besaß er aber eine ganz bemerkenswerte Ausdauer und sein Körper, so klein er auch war, war ganz exquisit geformt. Er ging irgendeinem Kampfsport nach und manchmal, wenn sie ihn dann auszog, entdeckte sie blaue Flecken an ihm, aber das törnte Angelique interessanterweise total an. Die Vorstellung, wie sich dieser gut trainierte, junge Mann mit anderen leidenschaftlich prügelte, sie besiegte und doch auch selbst einstecken musste, wie Schweiß floss, ja sogar Blut, und wie aus Wut oder Schmerz gestöhnt wurde – all dies hatte einen wirklich erstaunlichen Effekt auf ihr Begehren. Und wenn sie dann mit sanften Fingern über seine Schrammen und Läsionen strich und sich später zurücklehnte und ihn zu sich herunterzog, empfand sie sich selbst als Lohn für ihn als Sieger: Er erhielt das Anrecht, sie verwöhnen zu dürfen.

Nach jedem dieser Treffen mit Carlos fühlte sie sich verjüngt, stark und blutvoll und ließ ihn beschwingten Schrittes zurück, während er noch schwer atmete, ihr verliebt hinterherblickte und sich das Herz hielt, als wäre er absurderweise gealtert.

All dies bildete einen starken Kontrast zu ihrer sonstigen Lebenswelt, die so kultiviert und verfeinert war, dass es sie regelrecht langweilte. Dieses Leben, das aus Dinnerpartys, Empfängen und Wohltätigkeitsbällen bestand. Aus Teepartys, gemeinsamen Wellnesswochenenden in Luxusressorts mit Freundinnen, aus Sektverkostungen und Galeriebesuchen.

Eigentlich war das alles ja sehr abwechslungsreich, zumindest könnte ein Außenstehender das denken. Aber für sie war es alles andere, denn egal wo – ob im eleganten Spielcasino oder auf den Sommerkonzerten in Schloss Belvedere, ob beim Golf oder zum alljährlichen Silvesterball – überall traf man auf dieselben zugeknöpften und halb vertrockneten Angehörigen der sogenannten gehobenen Schicht, der auch sie angehörte, die geschwollen redeten und kaum etwas in der Hose hatten. Spätestens ab der Hälfte des Abends und nach sechs Gläsern Gin begannen diese Männer sich zusammenzurotten und sich selbst zu beweihräuchern.

Im Grunde war es nur ein Haufen extrem reicher, bemitleidenswerter Trottel, zu denen ihr Ehemann Gott sei Dank nicht gehörte. Er war in einer anderen Kategorie unterzubringen, kein verklemmter Labersack mit unterdrücktem Sexualtrieb, sondern eher das Gegenteil. Sébastien war gut aussehend, gebildet und eloquent. Er hatte einen ganz besonderen, unwiderstehlichen Charme, den er über die Jahre nie abgelegt, sondern sogar ausgebaut hatte.

Da lag auch das Problem. Sébastien war der goldene Teller, von dem jeder gern essen wollte. Oder eher: jede. Sie wusste das und hatte sich schon vor langer Zeit damit abgefunden.

Ob es die Art von Beziehung war, die sie sich als junges Mädchen erträumt hatte, hatte sie in den Jahren mit Sébastien längst vergessen, aber sie war nicht unglücklich. Nein, ganz und gar nicht. Sébastien mochte zwar der goldene Teller sein, aber er bot ihr einen angenehmen Lebensstil. Sie hatte alles, was sie wollte. Und wollte sie mehr, musste sie ihm das nur sagen, schon stand der neue Lamborghini vor der Tür.

Im Gegenzug war sie die elegante Lady, die er an seiner Seite brauchte – für Pressetermine, offizielle Anlässe und inoffizielle Partys. Eine überaus repräsentative Trophäe mit tadellosen Manieren. Um ihrerseits für einen fairen Ausgleich auch auf sexueller Seite zu sorgen, ahmte sie sein Verständnis von Treue und Partnerschaft seit einigen Jahren relativ erfolgreich nach.

Auch sie war kein Kind von Traurigkeit. Beide schätzten sich, beide mochten sich ... und beide hatten ihre Affären. Sie zum Beispiel – vor ihrer Liaison mit Carlos – mit Angel, der aus Argentinien stammte.

Angel, der das perfekte Ebenbild seines Namens war: ein menschgewordener Engel. Im Gegensatz zu Carlos war er hochgewachsen und gertenschlank. Sie dachte immer noch gern an sein langes, glänzendes, lackschwarzes Haar und seinen dichten, gepflegten Bart, der ein so makelloses und ebenmäßiges Gesicht bedeckte, dass keine Frau an ihm vorübergehen konnte, ohne dieser Perfektion wenigstens einen sehnsuchtsvollen Blick zuzuwerfen.

Angel und Angelique – klang das nicht wie der Stoff für einen Kitschroman?, dachte sie. Allerdings waren Angel seine äußeren Vorzüge nur allzu bewusst gewesen und er hatte sie für ihren Geschmack etwas zu arrogant ausgespielt. Und leider war seine äußere Attraktivität dann auch schon der einzige Vorzug gewesen.

Angels Fähigkeiten als Liebhaber waren zwar vorhanden gewesen, sogar recht umfangreich, wenn man es so ausdrücken wollte, und sie hatte auch ihn als ganz besondere Zutat für ihre Verjüngung genutzt, doch insgesamt waren seine Fertigkeiten eher … nun ja … moderat gewesen.

Angel hatte zwar an allem Möglichen Interesse, aber leider nur in dem Maße, wie es ihn selbst befriedigte. Ob seine Partnerin Lust dabei empfand, war ihm egal.

Es war schon erstaunlich, wie wenig Mühe sich attraktive Menschen manchmal gaben, da unterschieden sich Männer offenbar nicht von Frauen. Seine mangelnde Bereitschaft, sich in sie hineinzuversetzen und ihr Lust und Freude zu bereiten, war dann auch der Grund, Angel all den anderen Mädchen zu überlassen, die ihn anschmachteten. Mochten sie sich doch über diese hübsche, aber narzisstische Hülle ärgern.

Ganz anders Carlos! Er hatte sich gewaltige Mühe gegeben, beim Reinigen des Pools genauso wie bei der Befriedigung ihrer Gelüste, obwohl er alles andere als unansehnlich war. Sein kleiner, muskulöser Körper strotzte nur so vor Kraft und sein Stehvermögen war phänomenal. Am liebsten hätte sie ihn ihren Freundinnen gezeigt, denn wie hieß es doch so schön: Geteilte Freude ist doppelte Freude. Doch sie hatte sich dagegen entschieden.

Sie war nicht egoistisch, aber es gab Situationen, da teilte sie eben nicht gern. Ihren Mann musste sie teilen, Angel gab sie sogar freiwillig weiter, aber Carlos wollte sie für sich allein. Er war wie ein Petit Four für sie: zwar klein, aber so unglaublich lecker, dass sie einfach keinen einzigen Krümel davon missen wollte.

Aber das spielte keine Rolle mehr, weil Carlos, wie erwähnt, schon seit Wochen nicht mehr zur Arbeit erschienen war und aller Wahrscheinlichkeit nach darauf wartete, in einer staatlichen Maschine nach Caracas geflogen zu werden.

Wieder seufzte sie. Sie vermisste nicht nur ihn, seine zärtlichen Hände, den harten Schwanz und die fleißige Zunge – sie vermisste mit ihm vor allem auch ihre ganz besondere Zutat, mit der sie sich wie magisch verjüngen konnte.

Mitten in ihr Seufzen hinein läutete es an der Tür. Die ersten Gäste trafen ein. Hastig sah sie ein letztes Mal in den Spiegel.

»Guten Abend, Angelique!«

George und Linda traten ein, sogenannte Freunde von Sébastien.

»Ach, wie schön, dass ihr kommen konntet.« Angelique lächelte ihr künstliches Gastgeberinnenlächeln und war sich dabei ihrer schönen weißen Zähne bewusst.

»Aber natürlich doch, meine Liebe«, flötete Linda. »Wir haben uns über die Einladung gefreut.«

George sah sie lächelnd an und fragte: »Geht es dir gut, Angelique? Aber was frage ich: Offensichtlich geht es dir gut! Du siehst jedenfalls blendend aus! Es ist fast, als würdest du immer jünger werden.«

Sie kannte George und Linda nun schon seit fast zwanzig Jahren und hatte doch keine Ahnung, wer die beiden eigentlich wirklich waren. *Zwanzig lange Jahre*, dachte sie, *und ich kenne nur ihre Maske*. Notgedrungen führte sie die übliche Unterhaltung, die sie an diesem Abend noch ein Dutzend Mal würde führen müssen.

»Unser Sohn Archibald kommt später auch noch her«, sagte Linda voller Stolz, als würde das irgendwen, vor allem Angelique, interessieren.

»Oh ja, wie schön …«, sagte sie und versuchte, nicht allzu gelangweilt zu klingen.

»Du erinnerst dich noch an ihn?«, fragte George.

»Aber natürlich.« Sie lächelte das strahlende Lächeln, das erwartet wurde. »Ich freue mich sehr darauf, ihn wiederzusehen.« Was gelogen war. Archibald war ihr das letzte Mal vor vier Jahren begegnet, als er ihr auf einer anderen Dinnerparty in den Ausschnitt gestiert hatte wie ein auf ein Würstchen fixierter Zwingerhund. Er musste damals fünfzehn oder sechzehn gewesen sein und litt zusätzlich zu seiner Pubertätsakne und seinen idiotischen Eltern offenbar auch unter unkontrollierbaren Erektionen. Diesen Pickelbubi wiederzusehen, war nun wahrhaftig das Letzte, worauf sie sich freute …

Mehr und mehr Leute trafen ein und irgendwann hatte der Empfangssaal sich gefüllt und die Häppchenplatten mussten im Sekundentakt neu bestückt werden.

Es war schon recht spät am Abend, als noch ein letzter Gast den Saal betrat. Angelique, die ihn zuerst nur kurz im Augenwinkel bemerkt hatte, wandte sofort den Blick zu ihm. Es war ein … bemerkenswerter junger Mann. Er konnte höchstens zwanzig sein, hatte einen akkuraten Haarschnitt und trug eine unverschämt stramm sitzende Ausgehuniform.

»Archi! Da bist du ja, mein Schätzchen!«, flötete Linda in seine Richtung.

Wie bitte? Das war Archibald? Der stierende Pickelbubi?

Dieser Kerl da hatte nichts mehr mit dem peinlichen Jungen zu tun, den Angelique in Erinnerung hatte. Im Gegenteil. Er wirkte männlich und sah richtig … nun ja … heiß aus!

»Was für ein …« – Angelique räusperte sich – »… kleidsamer Anzug, Archibald.« Sie hatte diesen Jungen ganz augenscheinlich ein wenig unterschätzt. Das Einzige, was sie damals an ihm interessiert hatte, war die Gewissheit, bei pubertierenden Schuljungen immer noch gut anzukommen.

»Ich habe mich unlängst dem Korps angeschlossen, Ma'am.«

»Oh, wirklich? Ich wusste gar nicht, dass du singst.«

»Dem Marinekorps, Ma'am!«

»Um Himmels willen, bitte verzeih mir diesen Fauxpas.«

»Ma'am.« Sein mildes Lächeln und die nickende Geste sollten wohl so viel bedeuten wie *keine Ursache*.

Oh Gott! Das machte sie an. Obwohl sie diesen jungen Burschen noch immer nicht für voll nehmen konnte und sich seine Intelligenz wahrscheinlich auf die möglichst korrekte Umsetzung von Anweisungen eines anderen beschränkte, war dieses »Ma'am« der absolute Kickstarter für ihre Libido.

»Wirklich, du machst einen ganz erstaunlich ...« – sie hüstelte – »... strammen Eindruck in diesem Anzug!« Dann fasste sie an seinen rechten Arm, spürte, wie nebenbei seine Muskeln und lächelte in sich hinein. Seinem überraschten und irgendwie überrumpelt hilflosen Blick nach zu urteilen, durfte er wohl gemerkt haben, dass dies mehr als eine freundschaftliche Geste war. Oder doch nicht? Besonders helle schien er leider nicht zu sein. Sie ließ die Hand noch zwei, drei Sekunden länger liegen, bevor sie sie wieder wegnahm. Schließlich wollte sie schon einmal vorfühlen, was sich unter dem gut sitzenden Stoff so alles verbarg. Und ja, ganz offensichtlich hatte er bei seinem Armeetraining an den richtigen Stellen zugelegt.

Es war fast zum Lachen, aber ihr lief buchstäblich das Wasser im Mund zusammen. Schnell griff sie nach einem Sekt, den einer der Kellner auf einem Tablett vorbeitrug. Sie nahm einen Schluck und wandte sich dann wieder diesem leckeren Häppchen in Ausgehuniform zu.

Doch egal, wie sehr sie es auch versuchte: Einen richtigen Zugang zu Archibald fand sie nicht. Mit allen Gesprächsthemen war er augenscheinlich überfordert. Er rang sich zwar stets ein verständnisvolles Nicken ab, sobald sein Vater von Derivaten oder indischen Aktienfonds anfing, seinem leeren Blick nach zu urteilen, verstand er aber überhaupt nichts. Auch bei den neuesten Erkenntnissen zur Krebsforschung, von denen Professor Sven Jörnsson so eloquent berichtete, zeigte er nur ein starres Lächeln. Und als sie selbst anfing, von Rimbaud und seiner stürmischen Lyrik zu erzählen – immer wieder mit dem Blick zu ihm –, schien er sich immer unbehaglicher zu fühlen. Erst als sie sagte, dass Rimbaud sich bereits mit sechzehn Jahren der Nationalgarde angeschlossen hatte, wirkte er etwas weniger verkrampft, sein Lächeln war nicht mehr so künstlich und sein Blick wurde ernsthaft interessiert. Nur – zu sagen hatte er einfach nichts.

Angelique wollte um jeden Preis verhindern, dass der junge Mann sich aus ihrem Kreis zurückzog, um sich zu einer anderen Gruppe im Saal zu gesellen. So griff sie erneut nach einem Sekt von einem vorüberkommenden Tablett und reichte ihm das Glas.

Er errötete, als er danach griff. Er errötete!

Wieder lief ihr das Wasser im Mund zusammen. Himmel, es war ja fast schon peinlich, wie heiß sie ihn fand. Aber er sah einfach so delikat in dieser Uniform aus, so stramm und jung und gleichzeitig so verletzlich, dass sie ihn einfach haben musste. Jetzt!

»Angelique! Was ist mit dir, mein Schatz?« Sébastien sah sie besorgt an.

Ein gewisses schauspielerisches Talent hatte sie zum Glück schon immer gehabt. Schon im Schultheater hatte sie als Julia stehende Ovationen eingeheimst. Sie war durchaus in der Lage, einen glaubhaften kleinen Schwächeanfall vorzutäuschen. Natürlich durfte sie es nicht übertreiben, schließlich wollte sie nicht, dass Sébastien übereifrig einen Krankenwagen rief.

»Ist alles in Ordnung mit dir? Du hast gerade so … geschwankt.«

»Oh, es ist alles in Ordnung, Sébastien. Ich fürchte nur, mir ist der Sekt ein bisschen zu Kopf gestiegen.«

»Bist du sicher? Willst du dich nicht vielleicht ein bisschen hinlegen?«

»Nein, nein, alles ist gut«, versicherte sie. »Vielleicht setze ich mich einfach ein wenig ins Separee, bis der kleine Rausch vorüber ist.«

»Soll ich mitkommen, Liebes?«

Um Gottes Willen! Warum um alles in der Welt war er denn ausgerechnet jetzt so fürsorglich? »Aber nein, Liebling! Das ist nicht nötig. Kümmere du dich um die Gäste. Das ist nichts als eine kleine weibliche Schwäche.« Sie betonte *weiblich* ein wenig und stieß ihr sanftes, kieksendes Lachen dabei aus, das, wie sie wusste, ganz und gar entzückend klang.

Archibald hing an ihren Lippen. Ach, was war sie doch für eine großartige Schauspielerin …

Sie fuhr fort: »Und ich weiß doch, dass du wichtige Sachen mit deinen Geschäftspartnern zu besprechen hast, Sébastien. Vielleicht kann Archibald mich ja ins Separee bringen?«

»Ja, Archi!«, unterstützte Linda sie sofort. »Steh doch nicht da wie ein Stück Holz, sondern sei ein Gentleman und begleite Madame Dubois.«

Nie hatte sie Linda so gern sprechen gehört wie jetzt. Gott sei Dank hatte er so fern ab vom Korps wenigstens seine Mutter, die ihm sagte, was er zu tun hatte.

Und, ha – als hätte er einen Befehl von irgendeinem Oberfeldwebel erhalten, schlug er sogar die Hacken zusammen! Angelique musste sich zusammenreißen, ihn nicht gleich anzuspringen und in den Nacken zu beißen, aber es war einfach zu süß – dieses Hackenzusammenschlagen.

»Ich begleite Sie natürlich, Ma'am!«, sagte er wie aus der Pistole geschossen und bot ihr seinen Arm.

»Danke, mein Lieber, zu gut von dir«, sprach sie mit einer ganz zarten, extrem hilfsbedürftigen Stimme und konnte sich kaum das Lächeln verkneifen. »Bis später, Sébastien!«

Das Gebäude war ein altes Herrenhaus, wunderschön, verwunschen, verwinkelt und so groß, dass es genügend Möglichkeiten gab, auch während eines gut besuchten Empfangs ganz für sich zu sein. Das Separee lag hinter der Bibliothek, ein kleines Zimmer, in das man sich ungestört zurückziehen konnte, um zu lesen, die Wimpern nachzutuschen oder anderen amüsanten Beschäftigungen nachzugehen, bei denen man seine Ruhe haben wollte.

Angelique ließ sich auf dem Kanapee nieder und bat Archibald, neben ihr Platz zu nehmen.

»Fühlen sie sich schon ein wenig besser, Ma'am?«

»Ja, ein wenig. Es ist gut, dass es hier etwas stiller ist. Meine Nerven sind manchmal etwas überanstrengt.« Sie machte eine gekonnte Julia-Handbewegung an die Stirn.

»Wir bleiben hier so lange, bis es Ihnen vollkommen gut geht.«

»Danke, mein Lieber. Du bist sehr galant. Wir können uns ja ein wenig unterhalten«, sagte sie.

»Natürlich! Ganz zu Diensten.«

Sie machte es sich bequem. »Wie ist deine Tätigkeit beim Korps so?«, begann sie. »Anstrengend, nehme ich an? Ist es überhaupt in Ordnung, dass ich dich duze? Schließlich bist du schon zwanzig.«

»Neunzehn, Ma'am. Und natürlich können Sie mich duzen.«

Neunzehn? Oha – das wurde ja immer interessanter! »Du hast dich sehr verändert, seit wir uns das letzte Mal gesehen haben.« Sie ertastete wie beiläufig seinen Bizeps und gab einen erstaunten Laut von sich.

Er schien sichtlich stolz. »Nun, Ma'am, es ist tatsächlich kein Zuckerschlecken beim Korps. Da braucht man eine gewisse Fitness ... ähm ja ...«

Sie ließ ihre Hand in seinen Schoß sinken, als hätte der Griff an seinen Oberarm sie ermattet. Reglos ruhte sie jetzt auf seinem Oberschenkel, eigentlich weit genug entfernt von der Gefahrenzone, dennoch spürte sie ganz deutlich, dass sich in Archibalds Hose etwas zu regen begann. Sie seufzte, als wäre sie tief erschöpft.

»Kann ... kann ich irgendwas tun, damit Sie sich besser fühlen?«

Sie schaute tief in seine braunen, unschuldigen Augen. »Oh ja, Archibald, das kannst du.«

In den letzten Minuten hatte er den Eindruck eines stolzen jungen Mannes gemacht, aber als ihre Hand immer näher an sein Gemächt rückte, wirkte er wieder wie dieser picklige Teenager, der ihr bei jeder Gelegenheit auf den Busen glotzte. Sie stieß mit den Fingerspitzen an die Wölbung in seiner Hose.

»Ma'am ... ich ...«

Die Zeit war jetzt reif und sie griff zu. Das Ding war prall und hart. »Ich zeig dir, was du tun kannst.« Sie zog das azurblaue Kleid langsam über die Hüfte, damit sie mehr Bewegungsfreiheit hatte, legte das Bein über ihn, setzte sich auf seinen Schoß und küsste ihn, während sie ihr feuchtes Höschen über den steifen Schwanz in seiner Hose rieb. »Oh, was haben wie denn hier?«

»Das, Ma'am ... Nun, das, das ist ...«, stotterte er wie damals vor fünf Jahren, als er ihr gegenüber auch keinen vernünftigen Satz zustande gebracht hatte.

»Gut, Archi, was hältst du denn davon, wenn du für die nächsten Minuten einfach die Klappe hältst?« Sie lächelte verführerisch und schob ihm die Zunge zwischen die Lippen, ehe er antworten konnte.

Nach dem Kuss bescheinigte er sein Einverständnis mit einem knappen »Jawohl, Ma'am.«

Oh Mann, wie sie das anmachte! Er war so ein folgsamer, eifriger Soldat. Lasziv bewegte sie die Hüften auf seinem Schoß, während er wie versteinert auf dem Kanapee saß. Hm. Wusste er nicht, was er tun könnte? Hatte er noch nie ein Mädchen angefasst? Sie griff nach seinen Händen und legte sie auf ihre Hüften.

Erst hielt er ganz still, doch allmählich wagte er es, aktiv an der Sache teilzunehmen. Seine Hände streichelten ihre Hüften und seine Lippen und die Zunge fingen damit an, die ihren ganz zart zu berühren und zu küssen.

Sie musste zugeben, dass er ein ganz passabler Küsser war. Die Spalte zwischen ihren Beinen wurde nasser, ihre Klitoris glühte. Sie war unfassbar erregt von seiner Jugend, seiner Schüchternheit. Sie rutschte jetzt von seinem Schoß auf den Boden und öffnete seinen Reißverschluss, während er sich zurücklehnte, ihre Arme streichelte und schwer und tief atmete.

Sie musste ziemlich enge Boxershorts beiseiteschaffen, aber heraus sprang ein ganz und gar prächtiger Schwanz. Nicht allzu groß, aber schön dick, wohlgeformt und mit einer herrlichen Eichel, die rosafarben hervorragte.

Sogleich umschloss sie die Spitze mit den Lippen und begann zärtlich daran zu saugen. Sie ließ die Zunge darüber kreisen und versuchte, seine Eier ebenfalls aus den Boxershorts zu befreien. Während sie mit der einen Hand seine Hoden massierte, hielt sie in der anderen den Schaft und rieb ihn auf und ab. Ihre Lippen umschlossen derweil fest das obere Ende und sie saugte auf eine Weise, die, wie sie wusste, die Männer um den Verstand brachte. Dann fuhr sie mit der Zunge den Schaft auf und ab, leckte ausgiebig auch über seine Hoden.

Was war das nur für ein prachtvolles Gemächt, das sie da vor sich hatte! Und was für ein zauberhafter und braver Junge er doch war – ließ sich ganz ohne Widerstand von ihr ausziehen und verführen.

Sie wusste, dass sie durch ihre oralen Künste einen Mann mühelos zum Orgasmus bringen konnte. Und ja, sie wollte es. Sie wollte seinen Saft sehen und ihn schmecken, aber noch nicht jetzt. Jetzt gab sie sich erst mal mit dem kleinen, salzigen Glückstropfen zufrieden. Sie leckte ihn nass mit der Zunge ab. Hmm, welch herrlicher Geschmack, wie belebend …

Da sie, um seinen Schwanz zu blasen, nur ihren Mund und nicht die Hände brauchte, zog sie, ohne die Lippen von ihm zu nehmen, rasch ihr störendes Höschen aus.

Dann ließ sie ihn mit einem Schmatzen aus ihrem Mund gleiten und legte sich breitbeinig neben ihn aufs Kanapee, sodass ihre nasse Spalte im gedimmten Licht einladend glänzte. Sie streichelte mit den Fingern ihren Venushügel, sah, wie sein Blick sich weitete. Sie zog mit einer Hand ihre hübschen, saftigen Schamlippen auseinander und streichelte mit der anderen sanft ihre Klitoris.

»Hmm …«, seufzte sie leise. Und als er immer noch keine Anstalten machte, irgendetwas zu tun, sagte sie leise lachend: »Das ist keine Peepshow, junger Soldat! Du sagtest, du wolltest etwas für mich tun, damit ich mich besser fühle. Dann tu es.«

Bemerkenswert schnell begriff er, was sie von ihm erwartete. Er sollte sie lecken, und zwar gut! Und genau das tat er. Er beugte sich über sie und nahm ihre empfindlichste Stelle in den Mund …

»Ja, gut so, leck mein Fötzchen. Mach mich geil.« Wenn er erstaunt über ihre Wortwahl war, so zeigte er es nicht. »Nicht nur den Kitzler, auch alles drumherum.«

Aber im Grunde hätte sie das gar nicht sagen brauchen, denn er machte einen ganz hervorragenden Job. Hatte er zuvor in den Gesprächen im Saal eine bemerkenswerte Unkenntnis in allen möglichen Bereichen gezeigt – Medizin, Politik, Mode, Wirtschaft und Kultur –, so zeigte er nun eine bemerkenswerte Kenntnis. Es war geradezu erstaunlich! Wie zärtlich er mit den Lippen an ihren Schamlippen zupfte, vor allem an den inneren. Die Kleinen standen wie Schmetterlingsflügel ab, wenn sie erregt war, und er konzentrierte sich auf sie. Er zupfte ein wenig, dann saugte er sie ganz ein und spielte mit der Zunge an dem empfindlichen Fleisch. Schließlich strich er in festen, breiten Bewegungen über ihre Klitoris, leckte sie nass, breit, lüstern und mit weichen, aber kräftigen Zungenbewegungen.

Das war … es war … wunderbar.

»Ja«, stöhnte sie und war selbst verblüfft über das Ausmaß an Lust, das sie empfand. Der Junge war neunzehn und leckte, als hätte er eine zehnjährige Oral-Ausbildung hinter sich! Wenn er so weitermachte, würde sie kommen, aber das wollte sie nicht. Noch nicht! Sie wollte es noch auskosten!

Sie zog seinen Kopf am Haar zwischen ihren Beinen hervor. Er sah sie an, mit verschleiertem Blick, als hätte er soeben eine Droge konsumiert, und vielleicht hatte er das ja auch.

»Schau«, sagte sie und holte ihre Brüste hervor.

Sein Blick wurde dunkel vor Lust.

»Spiel an meinen Brüsten. Mal schauen, ob du das auch so gut kannst. Komm schon, leck sie und mach es mir dabei mit der Hand.«

Erstaunlich! Wenn man dem Jungen klare Anweisungen gab, war er wirklich gut bei der Sache. Und erneut machte seine Kenntnis sie atemlos.

Er knabberte und leckte über ihre Nippel, die mittlerweile so hart waren, dass man Glas damit hätte schneiden können. Seine Hände waren kräftig und groß, dennoch landete einer seiner Finger punktgenau auf ihrer Klit. Er hielt die Hand ganz still, während er ihre Nippel sanft einsaugte und sie erst feucht umkreiste, dann mit der Zungenspitze anstieß, halb spielerisch, halb offensiv, aber so stoisch und regelmäßig, dass sie heftig zu atmen begann. Seine Hand hielt er weiterhin still, aber sein Finger auf ihrer Klit begann in einem leisen, zarten, herzschlagartigen Rhythmus zu pochen.

Zu sanft. Zu sanft!

Oder nein, dachte sie – das war eben nicht zu sanft. Dieser Kleine, ach so unschuldig aussehende Casanova wusste genau, was er tat. Er wusste genau, dass es nur fast zu wenig war, dass er sie damit in den Wahnsinn trieb, zum Zittern brachte und es ausweglos erregend für sie machte.

Unwillkürlich begann sie sich seinem Finger, seiner Hand entgegenzustemmen, doch er vergrößerte den Druck nicht. Sie spürte: Dies war ein kleiner Machtkampf. Es war seine Absicht, sie vor seinen Augen und unter seinen Händen vor Erregung zerfließen zu lassen.

Obwohl sie sich vor Lust kaum noch zurückhalten konnte, durfte sie nicht laut stöhnen. Die anderen, die zwei Zimmer weiter waren, könnten es hören. Dass die Gäste kaum zehn Meter entfernt ihre langweiligen Gespräche führten, während sie aufs Meisterhafte geleckt und gefingert wurde, erregte sie zusätzlich.

»Mehr«, flüsterte sie, »mehr …«

Doch statt die Bewegung seines Fingers endlich zu intensivieren, verringerte er sie sogar noch! Er wusste intuitiv genau, wie er sie sexuell zum Durchdrehen bringen konnte. Es war tatsächlich ein Machtkampf.

Sie spürte, wie sie zu schwitzen begann – überall. Der Schweiß brach ihr buchstäblich aus den Poren und als sie es kaum noch aushielt, als sie dachte, ihr hämmerndes Herz würde gleich zerstäuben, kam sie so gewaltig wie schon lange nicht mehr und biss sich in die eigene Hand, um nicht laut zu schreien.

Der Orgasmus war so heftig, dass es sie schüttelte. Er musste sie halten und sie sah sein triumphierendes Lächeln dabei. Während er sie in einem Arm hielt, bewegte er den Finger stoisch weiter. Und brachte sie ein zweites Mal zum Kommen. Und auch dann hörte er nicht auf und sie erlebte unendlich lange, lustvolle Nachbeben.

Dann erst hörte er auf. Sie lag erschöpft in seinem Arm, weich und nachgiebig, und er … er sah sie zufrieden an. Stolz wie ein Jäger, der gerade ein Reh geschossen hatte.

Sie war wütend! Dieser junge Kerl! Was dachte der sich? Er hatte sie überrumpelt mit seiner ausgeklügelten Technik, aber eigentlich hatte sie ihn verführen wollen, nicht andersherum!

Oh nein, so leicht käme er nicht davon. Wenn er dachte, das wäre es gewesen, er könnte jetzt aufstehen und gehen und hätte ihren Orgasmus als Trophäe eingeheimst, hatte er sich getäuscht. Erstens wollte sie noch von ihm gevögelt werden, und zwar kraftvoll und leidenschaftlich, zweitens hatte sie sich vorgenommen, auch noch den letzten Tropfen aus seinem Schwanz zu holen. Sie wollte es. Unbedingt! Sie würde diesem Jüngelchen zeigen, wer hier das Sagen hatte!

Sie stieß ihn zurück auf das Kanapee, warf erneut das Bein über ihn und platzierte sich über seinem in die Höhe ragenden Schwanz. Sie nutzte seine Überraschung und führte ihn mit der Hand in die richtige Öffnung ein. Als sie sich langsam niederließ und er bis zum Anschlag in ihr verschwand, seufzte sie vor Wonne. Eng schlossen die Wände ihrer Pussy sich um den Schaft.

»So, Soldat! Jetzt kannst du aufhören, so triumphierend zu grinsen. Wir werden noch sehen, wer hier als Letztes lacht! Na, komm schon, leck noch einmal meine Brüste.« Sie streckte ihm ihre freigelegten Brüste entgegen, die er bereits vor Jahren so hungrig angestarrt und gerade eben hatte ausgiebig kosten dürfen.

Gierig saugte er erneut an ihren Nippeln, erst am linken, dann am rechten, während sie begann, ihn langsam zu reiten.

»Du sagst mir, wie weit du bist. Ich will wissen, wenn du kurz davor bist. Du wirst nicht einfach so kommen, verstanden, Soldat?«

»Jawohl Ma'am.« Er stotterte nicht mehr, aber trotzdem fiel es ihm schwer, zu sprechen. Offenbar war das Blut, das sein Gehirn versorgte, komplett in seinen Schwanz gepumpt worden und er reagierte nur noch instinktiv, wie er wohl auf einen Befehl reagieren würde, wenn man ihn aus dem Tiefschlaf risse. Wie gut, dass harter Drill sich in solchen Situationen auszahlte.

Sie ritt ihn, erst langsam und tief, was ihm einen glasigen Blick bescherte, dann schneller und immer schneller.

»Oh Gott … mir kommt's gleich, Ma'am! Ich … ich …«

»Nein! Warte!« Sie stieg augenblicklich von ihm ab und kniete sich vor ihn. »Ich nehme ihn jetzt in den Mund und du gibst mir jeden verdammten Tropfen, hörst du! Ich will, dass du in meinem Mund kommst.« Dann saugte sie seinen Schwanz abermals ein. Umfasste dabei seine Eier. Knetete sie zärtlich. Massierte seine Eichel mit der Zunge.

Dieser junge Schwanz schmeckte einfach fantastisch. So männlich, so prachtvoll, so voller jungem Leben! Sie lutschte ihn heftiger und fuhr dabei mit einer Hand kräftig am Schaft auf und ab, während die andere seine Hoden zupfte, streichelte, verwöhnte.

»Oh Gott, es kommt!« In mehreren kleinen Stößen half er selbst noch nach, bis er sich in ihrem Mund entlud.

Sie hatte die Lippen fest um seinen Penis gestülpt, spürte seine Zuckungen, während sie sanft weiterleckte. Sie liebte das. Wenn der Saft herausschoss, Zuckung für Zuckung. Sie schluckte alles, jeden einzelnen wertvollen Tropfen.

Nahezu sofort schien sie Energie zu durchströmen, ihre Zellen zu füllen, heiß und feurig. Sie fühlte sie gut. Nein: grandios. Wie sehr sie das vermisst hatte, seit Carlos nicht mehr kam! Ihre ganz besondere Zutat.

Erschöpft sackte Archibald auf dem Kanapee zusammen. Sein Schwanz war schlaff geworden, doch noch rannen einige letzte Tropfen aus ihm, die Angelique sich mit der Zunge alle holte. »Wir wollen doch nicht, dass die schöne Uniform schmutzig wird, nicht wahr?«

»Nein, Ma'am.«

Sie leckte sich sorgsam die Lippen ab, dann zog und zupfte sie ihr azurblaues Kleid zurecht, betastete ihr Haar. Sah in den kleinen Handspiegel, bewunderte die zarte Glut unter ihrer Haut, das Glitzern in den Augen. Sie lächelte.

Hach, wie gut das gewesen war! Wie kraftvoll sie sich fühlte, ihr Hirn mit Sauerstoff, ihr Körper mit Elektrizität gefüllt! Pure Jugend schien durch ihre Adern zu fließen. »Siehst du, Archibald, mir geht es schon viel besser. Geradezu blendend! Dankeschön, das war sehr … brav von dir.«

Der junge Kerl war völlig außer Atem, dabei hatte sie doch eigentlich viel mehr Arbeit gehabt! »Ja Ma'am«, schnaufte er. »Wenn es recht ist, dann bleibe ich noch einen Moment sitzen.«

Sie streifte ihn kurz mit dem Blick. Hatte er gesagt, er sei neunzehn? Gerade wirkte er wie zehn Jahre älter. Immer noch hübsch, aber … erschöpfter und eben: älter. Merkwürdig. Von seinem triumphierenden Lächeln von vorhin war nichts mehr zu sehen.

Da haben wir es, junger Mann, dachte sie zufrieden. *Nicht du, sondern ich grinse zuletzt!* »Natürlich, mein Junge. Ruh dich noch ein wenig aus. Du weißt ja, wie du zurück in den Saal kommst.«

Die dienende Hure

Kaum dass Ellen aus dem Flugzeug ausgestiegen war, begann sie vor Aufregung zu zittern.

Beim Aufstehen am Morgen war sie noch ruhig gewesen. Auch im Bus zum Flughafen hatte sie keine Nervosität verspürt. Sie war entspannt, als das kleine Shuttle sie über das Rollfeld chauffiert hatte und sie dann in die Boeing gestiegen war. Selbst den ganzen Flug über blieb sie völlig gefasst.

Jetzt, als sie das Flughafengelände von Phoenix vor sich liegen sah und ihr die warme Herbstluft auf der Gangway entgegenschlug, raste ihr Herz und ihre Beine drohten einzuknicken.

»Alles okay mit Ihnen?«, fragte die freundliche blonde Flugbegleiterin am Ausgang besorgt, als Ellen an ihr vorbeiging. »Sie sehen ganz bleich aus.«

»A… alles in Ordnung«, sagte Ellen und zwang sich zu einem Lächeln. Sie verpasste sich eine kleine mentale Ohrfeige und ihre Knie stabilisierten sich.

Es ist nur ein Date, sagte sie sich, *ein besonderes Date. Reiß dich zusammen.*

Sie hatte nichts außer dem Handgepäck dabei: ihren kleinen Jeansrucksack, in dem das Nötigste verstaut war. Klamotten für einen Tag, eine Zahnbürste und ganz wichtig: frische Unterwäsche. Celia hatte ihr genaue Instruktionen gegeben.

Eigentlich hatte Ellen gar nicht vor, in Phoenix zu übernachten, doch die Nervosität trieb ihr gerade den Schweiß aus den Poren, sodass sie ganz froh war, Wechselsachen dabei zu haben.

Sie ging an der Gepäckausgabe vorbei und verließ den Ankunftsbereich. Schon von Weitem konnte sie Celia ausmachen, die draußen am Terminal auf sie wartete.

Celia war Mitte dreißig, hochgewachsen, schlank und dunkelhaarig. Sie hatte die Figur einer Megan Fox und die klaren, strengen Gesichtszüge einer jungen Charlotte Rampling. Damit war sie das, was man eine Erscheinung nannte. Man konnte sie einfach nicht übersehen. Als Ellen nun dieser auffälligen Frau entgegenging, wurde ihr Mund trocken und ihr Herz legte noch ein paar Takte zu.

Auch Celia hatte sie nun gesehen. Sie winkte ihr lächelnd zu und Ellen konnte nicht anders, als zurückzulächeln. Erst jetzt spürte sie, wie sehr sie sich auf das Wiedersehen gefreut hatte.

Ja, das war nicht ihr erstes Treffen.

Damals hatten sie sich nur für einen Nachmittag auf einen Kaffee verabredet, um sich endlich persönlich kennenzulernen. Der allererste Kontakt war übers Internet gelaufen.

Ellen war damals seit drei Monaten Single. In ihrem normalen Alltag hatte es keinen halbwegs interessanten Fisch gegeben, den an den Haken zu bekommen, sich gelohnt hätte, und so hatte sie begonnen, ihre Kreise zu vergrößern. Sie suchte online. Sie fing an, sich auf diversen Partnerbörsen umzutun, und war schließlich auf einer ungewöhnlichen … Plattform gelandet.

Es war bloße Neugier gewesen, dass sie sich dort ein Profil zugelegt hatte: ein freches Motto, ein mit Weichzeichner etwas verschwommen gemachtes Foto, wie sie am Meer stand und die Arme ausbreitete, als wollte sie sich die Sonne schnappen. Ein paar Schlagworte: *mädchenhaft*, *verspielt* und *sexuell offen*.

Dann hatte sie einfach abgewartet.

Wie viele Leute es konkret waren, die ihr dort geschrieben hatten, konnte sie nicht mehr sagen, aber ihr virtuelles Postfach war übergequollen. Neben einer unfassbaren Menge an Spinnern, die ohne auch nur ein vernünftiges Wort mit ihr gewechselt zu haben, sofort Nacktfotos von ihr wollten, oder noch besser, Fotos von sich selbst schickten, vorzugsweise ab unterhalb des Bauchnabels, hatte ihr schließlich Celia geschrieben.

Und das war der Anfang.

Celia hatte ihr keine Schwanzfotos, sondern lustige Nachrichten geschickt, gespickt mit kleinen, erotischen Andeutungen, die Ellen zum Grinsen gebracht hatten. Ehe sie sich versah, hatten sie Nummern getauscht. Am Telefon hatte Celia warm und gefühlvoll mit ihr gesprochen. Ellen hatte der dunklen Stimme verzückt gelauscht, das herzliche Lachen hatte sie verzaubert. Beim ersten Treffen hatte sich der gute Eindruck bestätigt.

Sie hatten sich mit Küsschen auf die Wange verabschiedet, danach hatte Ellen das zweite Treffen kaum erwarten können.

Dieses zweite Treffen (eins der »besonderen Art«, wie Celia betont hatte) sollte in Phoenix stattfinden, und dort war sie nun. Sie schnallte den kleinen Rucksack enger, ließ die Zollabfertigung hinter sich und ging auf die dunkelhaarige Schönheit zu.

Dabei war Ellen nicht auf eine Lesbennummer aus. Sie hatte zwar nichts dagegen, denn Celia machte sie schon ziemlich an, aber ihr schwebte zusätzlich noch etwas anderes vor und Celia hatte ihr ja auch etwas ganz Besonderes versprochen.

Bei ihrem ersten Treffen zwischen zwei Kaffees, in die Celia genussvoll einen Brandy gegossen hatte, hatte sie von einer Geheimloge erzählt. Nachdem sie Ellens Reaktion abgewartet hatte – zuerst ungläubiges Staunen, dann wilde Neugier –, war Celia ins Detail gegangen.

Die Loge, hatte sie erklärt, sei eine Gruppe hedonistischer Leute der gehobenen Schicht, die sich in regelmäßigen Abständen zum Vergnügen an verschiedenen Orten trafen und erotische Feste feierten.

»Orgien«, hatte Celia klar gesagt. »Moderne Orgien, verstehst du?«

Ellen hatte etwas gemacht, das irgendwo zwischen Nicken und Kopfschütteln lag, und Celia hatte gelächelt.

Die Geheimloge ... Wie absurd sich das im ersten Moment für Ellen angehört hatte. Aber Celia war keiner dieser Spinner, die sie online bisher getroffen hatte. Sie war sympathisch, wirkte vertrauenswürdig und Ellen war von ihrer charismatischen Art längst in den Bann gezogen.

Ja, Celia wirkte geheimnisvoll auf Ellen. Ob sie bei jedem diese Wirkung hervorrief, wusste sie nicht, aber Celia gehörte einfach zu den Menschen, die Aufsehen erregten. Ohne extravagante Kleidung dafür zu brauchen, ohne eine laute Stimme oder auffälligen Schmuck. Sie war einfach präsent und gleichzeitig wahnsinnig erotisch dabei. Wenn Celia also von einer Geheimloge sprach, deren Ziel die »ernsthafte sexuelle Erfüllung« war, dann musste da etwas dran sein.

»Frauen können sich bewerben, Männer nur eingeladen werden«, hatte Celia ihr erklärt und auch das war ungewöhnlich und machte die Sache ziemlich aufregend.

So aufregend, dass sie sich beworben hatte ...

»Ellen!«, rief Celia. »Wie schön.« Sie kam ihr entgegen und umarmte sie zur Begrüßung.

Mit ihren schwarzen High Heels war Celia einen ganzen Kopf größer als die kleine Ellen, die mit eins vierundsechzig und gerade mal fünfzig Kilo nun wirklich kein Gardemaß besaß. Auf ihre Brüste war sie allerdings stolz und auf ihren knackigen Hintern auch, aber in Gegenwart von Celia fühlte sie sich wie ein kleines Mädchen. Sie wusste, dass ihr glattes Gesicht, ihre Stupsnase und ihre veilchenblauen Augen sie jünger wirken ließen, als sie tatsächlich war.

»Wie war dein Flug? Bist du aufgeregt?«

»Ja, und wie.«

»Das ist völlig natürlich. Du hast ja auch einen großen Auftritt vor dir. Aber mach dir keine Sorgen. Ich bin immer bei dir.« Celia plauderte, dabei verließen sie das Flughafengebäude und überquerten die Straße. »Schau, da steht unser Wagen«, sagte Celia und wies auf eine große schwarze Limousine.

»Wow!«

»Das ist das Mindeste. Die Loge hat Geld«, erwiderte Celia nur.

Ellen bemerkte Celias Blick auf ihrem Körper, spürte, wie sie sie von oben bis unten musterte. Sie trug ein knappes Shirt, Jeans und Sneakers. Darüber eine Jeansjacke. War das verkehrt? Geschminkt hatte sie sich nicht.

»Frierst du?«, fragte Celia plötzlich. »Oder hast du Angst?«

Erst jetzt merkte Ellen, dass sie schon wieder zitterte. »Nein … ja … ich weiß nicht«, stotterte sie. »Ich bin ein bisschen … aufgeregt eben. Ich muss doch keine Angst haben, oder?«

»Nein! Auf keinen Fall! Angst nicht. Aber ich hab dir ja schon gesagt, es wird kein Picknickausflug.« Celia sah sie aufmerksam an.

Ellen nickte. Ein Mann im dunklen Anzug kam hinter dem Lenkrad hervor und hielt ihnen die Tür auf.

Eine richtige Limousine, dachte Ellen noch einmal staunend. In so einem Ding hatte sie nur ein einziges Mal in ihrem Leben gesessen: zu ihrem Abschlussball.

Celia stieg zuerst ein und nahm auf dem schwarzen Leder Platz. Ellen folgte. Der Mann schloss die Tür hinter ihr, stieg vorn ein und gab Gas.

»Also, Ellen, jetzt hör mir gut zu. Wir haben ja schon darüber gesprochen, aber es ist wichtig, dass du dir im Klaren darüber bist, wie das Ganze abläuft. Also, zuerst mal: Du bist dir wirklich sicher, dass du das willst? Du kannst immer noch zurück.«

»Nein! Ich will es!«

»Okay, das ist gut. Dann weiter: Das hier sind die Dinger, von denen ich letztes Mal erzählt habe.« Sie kramte in ihrer eleganten Handtasche und zog die Manschetten hervor, die sie beim ersten Treffen beschrieben hatte. »Fass sie ruhig mal an. Du sollst ja keine Angst davor haben.«

Sie reichte sie rüber und Ellen nahm sie in die Hand. Sie waren aus festem braunem Leder und mit einer Öse versehen, mit der man sie schließen und an der man einen Karabinerhaken oder etwas Vergleichbares einklinken konnte.

»Ganz schön schwer«, sagte Ellen, betastete das Leder und die Ösen und gab sie dann an Celia zurück.

»Also – wenn ich dir die Manschetten anlege, beginnt das Spiel. Sobald sie an deinen Handgelenken sind und ich sie hinter deinem Rücken verschließe, bist du nicht mehr Ellen, sondern Nummer Vier-siebenundzwanzig. Du bist dann mein Eigentum, meine Dienerin, meine Sklavin, mein persönliches Stück Fleisch. Verstanden? Die anderen Leute sind zwar da, aber du bist meine Leibeigene und mir verpflichtet. Sie sind meine Gäste und du wirst ihnen Vergnügen bereiten. Du hörst auf meine Stimme und tust, was ich dir sage. Ich passe auf, dass dir nichts passiert. Niemand wird dich verletzen und wir respektieren immer deine Tabus. Aber abgesehen davon wirst du nicht geschont werden.«

Das war in Ordnung. Ellen hatte sich längst innerlich darauf eingestimmt. Außerdem mochte sie es, wenn es auch mal etwas härter zur Sache ging. Besonders umfangreich waren ihre bisherigen Erfahrungen in diesem Bereich zwar nicht, aber sie wusste dank einiger experimentierfreudiger Ex-Freunde, dass sie nicht aus Glas war. Sie nickte.

»Es gibt mehrere Möglichkeiten, wie das Ganze enden kann. Sobald du dich unwohl fühlst, Angst hast oder Schmerzen …« Celia lächelte. »Ich meine damit Schmerzen, die du nicht haben willst«, präzisierte sie. »Sobald das also passiert, rufst du einfach laut ›Abbruch‹. Okay? Ganz einfach nur ›Abbruch‹.«

Ellen nickte erneut.

»Es kann natürlich sein, dass du nicht immer sprechen kannst. Etwa, wenn du das hier im Mund hast.« Celia kramte wieder in ihrer eleganten Tasche und zog einen Knebel – bestehend aus einem zwei Finger breiten Lederstreifen und einem Gummiball – heraus, der offenbar vor den Mund geschnallt wurde.

»Wenn du den Kopf wild hin und her schüttelst, verstehen wir das auch als Abbruchwunsch.«

Ellen nickte ein drittes Mal.

»Die letzte Möglichkeit, wie es enden kann, besteht darin, dass wir alle befriedigt sind und denken, dass du genug hast.« Sie steckte den Knebel wieder weg. Dann sah sie Ellen noch einmal aufmerksam an und ihre Stimme wurde sehr sanft. »Gut, ich denke, das war das Wichtigste. Den Rest lass einfach auf dich zukommen. Hab keine Angst.«

»In Ordnung.« Ellen war freudig erregt. Obwohl sie nichts getrunken hatte, fühlte sie sich beschwipst und in ihrem Magen kribbelte neugierige Vorfreude.

»Okay, dann geht's jetzt gleich los. Na komm, gib mir noch einen Kuss.« Celia spitzte die Lippen und holte sich ein unschuldiges kleines Küsschen von Ellen ab. »So! Und jetzt zieh deine Sachen aus.«

»Wie – hier?« Ellens Nervosität stieg nicht mehr weiter. Das Adrenalin hatte ein Level erreicht, das nicht mehr zu toppen war. Sie warf einen nervösen Blick zum Fahrer, der aber vollkommen auf die Straße fokussiert war und nicht mitzubekommen schien, was hier hinten vor sich ging. Rasch streifte sie die Sneakers und die Socken ab. Dann zog sie Jacke, Shirt und Jeans aus, darunter kamen ihr schwarzer Slip und der BH zum Vorschein. Keine zehn Sekunden später hatte sie sich auch derer entledigt.

»Deine Sachen bleiben im Auto, mach dir keine Gedanken.«

Tat sie nicht, sie dachte an gar nichts mehr außer an die Erregung, die sie gerade empfand.

»Gut, jetzt halt die Füße hoch.«

Ellen drehte sich und streckte Celia ihre Füße entgegen, die die ledernen Schellen an ihren Gelenken festmachte. Danach kamen Celias Handgelenke dran. Zum Schluss verband Celia die Ösen mit einem eisernen Schloss.

Klick. Das Schloss war zu.

Ellen saß nackt und mit auf den Rücken gefesselten Armen in der Limousine.

»Du wirst mich ab jetzt mit Gebieterin oder Herrin ansprechen. Du sprichst nur, wenn du etwas gefragt wirst. Du wirst unterwürfig alles tun, was man dir befiehlt! Von jetzt an wirst du weder deinen Mund noch deine Beine vollständig schließen!« Celia sprach ausschließlich im Imperativ, weder böse noch laut, aber mit Anspruch auf absoluten Gehorsam. »Hast du verstanden?«

»Ja, Herrin.«

Um ihre Hilflosigkeit zu steigern, legte Celia ihr noch eine Augenbinde um.

Tiefe Dunkelheit umgab sie.

***

Es schien eine Ewigkeit zu vergehen, während der Wagen sich auf dem Highway bewegte. Ellen spürte das Profil der Straße unter den Rädern und hörte den Fahrtwind an der Karosserie vorbeirauschen. Sehen konnte sie absolut nichts mehr.

Plötzlich spürte sie etwas an ihrer linken Schulter und zuckte zusammen. Fingernägel, Fingerspitzen, eine Handfläche. Celia begann sie zu streicheln. Dann zog sie die Hand zurück. Einige Sekunden später spürte Ellen die Hand plötzlich um ihre Brust. Nicht grob. Ganz sanft.

Ihre Brustwarzen hatten sich vor Erregung schon aufgerichtet und Celia umwanderte sie langsam mit den Fingerspitzen, strich zärtlich darüber und liebkoste dann den Rest ihrer kleinen festen Brüste. Erst die linke, dann die rechte. Allmählich wurde der Griff fester, weniger spielerisch, sondern eindeutiger, sexueller. Sie zupfte an den abstehenden Nippeln, drückte dann die harten Knospen fest zusammen, zog sie nach vorn, bis Ellen leise stöhnte, ließ dann wieder los. Begann von Neuem.

Kurz darauf wanderte ihre Hand nach unten. Strich über den Bauchnabel. Glitt direkt zwischen Ellens Beine. In kreisenden Bewegungen rieb sie Ellens Schamlippen. »Du bist nass«, sagte sie befriedigt und berührte den Kitzler, der unter der stärker werdenden Erregung anschwoll. Ellen konnte es spüren: die Hitze, das Pochen, das Wachsen ihrer Perle.

Celia strich, beim Damm beginnend, über ihre Spalte. Ellen gab einen leisen lustvollen Seufzer von sich. Nun zog Celia das Fleisch ihrer Pussy auseinander. Offenbar um sie besser zu betrachten, denn sie spürte ihren Atem auf dem heißen, feuchten Fleisch. Das machte sie fast wahnsinnig.

»Rutsch nach vorn!«, befahl Celia. Dann schob sie die Hände noch tiefer, zog nun auch die Pobacken auseinander und warf offenbar einen genauen Blick auf ihr zweites Loch.

»Was für ein schönes Rosettchen du hast«, sagte sie anerkennend. »Ich denke, auch damit werden wir heute eine Menge Spaß haben.«

Wie bitte?!

Doch bevor Ellen diesen beunruhigenden Gedanken weiterverfolgen konnte, war sie schon abgelenkt von Celias Finger, der sanft um den winzigen Krater zu kreisen begann. Dort war sie bisher noch von niemandem berührt worden!

Celia musste sich Zeige-, Mittel und Ringfinger der anderen Hand angeleckt haben, denn Ellen spürte jetzt, wie drei nasse Finger ihre Schamlippen auseinanderschoben und die kleine Perle zu streicheln begannen.

Diese doppelte Stimulation war so erregend, dass das Stöhnen aus ihrem Mund lauter wurde, den sie, wie ihr befohlen worden war, nicht schloss, sondern offen hielt.

»Macht dich das geil?«, hörte sie Celias dunkle Stimme.

Sie war so erregt, so konzentriert auf die Finger vorn und hinten, dass sie zu antworten vergaß.

»Ob dich das geil macht, hab ich gefragt!«, fragte Celia lauter und härter.

»Ja, Herrin«, beeilte sich Ellen zu antworten.

»Das ist schön, Sklavin. Es gefällt mir, wie erregbar du bist …« Celia klopfte mit drei Fingern gegen den Schamhügel, dann führte sie den Mittelfinger ganz in Ellens Spalte ein. Zeitgleich zog sie Ellens Kopf mit der anderen Hand an den Haaren zurück. »Hörst du? Du bist heiß wie eine läufige Hündin, dabei haben wir noch gar nicht angefangen!« Celia lachte leise.

Die Worte waren so direkt. So hatte Celia noch nie vorher mit ihr gesprochen und Ellen japste. Nicht nur die Art des Sprechens brachte sie fast um den Verstand, sondern auch Celias Finger in ihrer Möse, die eine hochsensible Stelle an der oberen Scheidenwand gefunden hatten und dort hartnäckig immer wieder hinstießen.

»Hmm … was für eine schöne, warme Pussy du hast. Aber wir wollen ja nicht, dass du kommst, bevor ich dich den anderen überhaupt präsentiert habe, nicht wahr?« Sie leckte ein einziges Mal über Ellens Wange, dann nahm sie die Hände weg und Ellen spürte ein tiefes Bedauern. Am Knarzen des Leders erkannte sie, dass Celia sich auf ihren Platz in der Stretchlimousine zurückgesetzt hatte.

»Es ist nicht mehr weit«, sagte sie.

Ellens Herz pochte wild. Die Augenbinde, die ihr so vollkommen die Sicht nahm, schien ihre anderen Sinne zu schärfen. Sie meinte, besser zu hören, besser zu riechen und sensibler zu fühlen als sonst.

Sie hörte Cecilias Atem, roch die sexuelle Erregung des Fahrers und dann … dann fühlte sie etwas Schweres auf ihre Schenkel fallen. Sie zuckte zusammen und konzentrierte sich. Tasten konnte sie nicht, ihre Arme waren gefesselt. Was war das auf ihrem Schoß? Es fühlte sich kühl und zugleich zart an. Dann begriff sie: Celia hatte die Beine quer über die Sitzbank gestreckt und auf ihren Schenkeln abgelegt. Die spitzen, harten Dinger, die ins Fleisch ihres Arms drückten, waren die endlos langen, dünnen Absätze von Celias High Heels!

Ellen spürte, wie der Wagen langsamer wurde, die Straße unter den Rädern weniger glatt, holpriger. Offensichtlich war der Fahrer vom Highway abgefahren. Sie wurden hinten auf den Sitzen ziemlich durchgeschüttelt, aber das hieß nur, dass sie sich endlich ihrem Ziel näherten: einer – wie sie von Celia wusste – beheizten und gut ausgeleuchteten Fabrikhalle einige Meilen außerhalb der Stadt.

So ging es noch eine ganze Weile über Stock und Stein, bis Celia zum Fahrer sagte: »Dort vorn ist es.«

Was Ellen hinter ihrer Augenbinde nicht sehen konnte, aber sich vorstellte: wie der Wagen durch das Tor fuhr und schließlich in der Fabrikhalle stoppte, die so groß und hoch war wie ein Flugzeughangar.

Ellen hörte das Knacken des Türschlosses und spürte die kühle Luft, als sich die Autotür neben ihr öffnete. Eine kräftige Hand griff nach ihrem gefesselten Arm. Es konnte nicht Celias sein, es war eine männliche Hand, die sie aus der Limousine zog. Ein weiteres Paar Hände ergriff den anderen Arm und so wurde sie nackt und barfuß durch eine Tür geführt, die sich quietschend hinter ihnen schloss.

Ellen hörte die Geräusche um sich herum.

Leute waren anwesend. Sie hatte keine Idee, wie viele es waren, aber es fühlte sich nach mindestens zehn an. Nein, eher zwanzig. Sie vernahm Gesprächsfetzen, Getuschel und Lachen, männliche wie weibliche Stimmen. Der männliche Geruch ihrer beiden Führer mischte sich mit einem bekannten, weiblich duftenden. Celia war ihr keinen Moment von der Seite gewichen. Sie war nicht nur ihre Herrin, sondern neben Ellen schließlich auch die wichtigste Person des heutigen Tages.

Die Fesselung ihrer Handgelenke wurde gelöst, sodass ihre Arme jetzt frei herunterhingen. Die Manschetten blieben allerdings, wo sie waren: an Ellens Handgelenken.

»Guten Abend, Freunde!«, rief Celia und ihre dunkle, warme Stimme übertönte alle anderen im Raum. »Schön, dass ihr alle gekommen seid. Herzlich willkommen zum heutigen Fest! Setzt euch doch. Bitte, nehmt Platz.«

Ellen nahm wahr, wie die Geräusche abebbten: das Gläserklingen, das Scharren von Füßen, das Rücken von Stuhlbeinen, die Gespräche. Es wurde still. Ganz still. Nur das Sirren der Neonlampen war noch zu hören. Die Nervosität in ihr wurde so mächtig, dass sie ganz schnell und flach atmete.

»Wie schön, dass wir hier alle zusammengekommen sind«, sagte Celia in diese Stille hinein. »Das hier …« – eine kurze Pause – »… ist die Hure der heutigen Nacht: Vier-siebenundzwanzig.«

Ellens Mund war staubtrocken. Wurde jetzt irgendetwas von ihr erwartet?

»Unsere Hure freut sich außerordentlich darauf, uns allen zu Diensten zu sein. Sie wird nur sprechen, wenn sie etwas gefragt wird. Und natürlich ist sie dazu verpflichtet, weder Lippen noch Beine vollständig zu schließen.«

Jetzt wandte sich Celia an Ellen: »Hast du eine Ahnung, warum das so ist, Vier-siebenundzwanzig?«

Ellens Herz raste wie ein überhitzter Zweitaktmotor. »Damit ich es in allen Löchern besorgt bekomme«, flüsterte sie die vulgären Worte, die Celia ihr in der Limousine eingeschärft hatte.

»Lauter, Hure!«, rief einer aus dem Publikum.

»Hast du gehört, Vier-siebenundzwanzig?«, fragte Celia.

Als sie vor Schreck nichts antwortete, gab Celia ihr einen motivierenden festen Schlag auf den Hintern und sagte mit harter Stimme: »Tu, was dir befohlen wird! Sprich lauter!«

»Damit ich es in alle Löcher besorgt bekomme«, rief Ellen laut und spürte, wie Hitze ihren Kopf flutete. Sie musste knallrot sein!

»Hervorragend! Genauso ist es«, sagte Celia zufrieden.

Die Männer, die Ellen hereingeführt hatten, platzierten sie nun zwischen zwei Pfeilern, was sie natürlich nicht sehen konnte, aber von Celias Erzählungen wusste: zwei Pfeiler, die etwas mehr als einen Meter auseinanderstanden und zwei Meter aufragten. Sie waren mit Ösen und Seilen versehen, an denen man ein williges Opfer festbinden und ganz und gar wehrlos machen konnte.

Ehe Ellen jedoch dort fixiert wurde, zog Celia ihren schwarzen Blazer aus, unter dem sie, wie Ellen später sehen würde, eine enge, weiße Lederkorsage trug, die die Brüste nicht bedeckte, sondern nur anhob. Ihr Busen war viel größer als Ellens, mindestens ein D-Körbchen.

Ellen wusste, dass Celia sie festbinden würde, sobald die Zeit gekommen war, doch vorher musste sie den Gästen erst einmal als Sklavin anständig präsentiert werden.

Ohne Vorwarnung griff Celia mit ihrer Linken nach Ellens Nippel und zog sie daran hinter sich her. Sie machte keine Anstalten, besonders sanft zu sein, und Ellen wankte, blind unter der Augenbinde und vor Lust und Schmerz aufjammernd, hinter ihr her.

Endlich ließ Celia von ihrer Brustwarze ab, packte sie stattdessen bei den Haaren im Nacken. »Ich zeige dich nun ausgiebig unseren Gästen! Titten raus!« Sie schob Ellen einige Schritte nach vorn und zog ihr dabei den Kopf so weit in den Nacken, dass Ellen ihre Brüste mit den harten Knospen automatisch nach vorn herausstreckte. In dieser Position führte Celia sie langsam durch den Raum.

Die ersten Gäste mussten sie gerade eingehend betrachten. Ellen sah es nicht, aber sie spürte die warmen Atemzüge auf Höhe ihres Bauchnabels. Celia zog sie näher an sich heran, so nah, dass sie ihre großen, prallen Brüste im Rücken spürte. Wieder griff Celia nach Ellens Brustwarzen, kniff jetzt unerwartet so fest hinein, dass Ellen auf die Knie ging.

»Das ist dein Platz! – Und jetzt frag unsere Gäste, was sie von dir halten!«

»Ich … ähm … Was … was denken Sie über mich?«, stotterte Ellen.

Es kam keine Antwort, nur leises Gelächter aus den hinteren Stuhlreihen. Dann ein Husten.

»Ja, was denkt ihr über sie?«, fragte Celia lachend. »Wie findet ihr diese kleine Hure?« Sie drückte Ellens Beine weit auseinander und begann sie zu streicheln. Sie strich über Schamlippen und Kitzler, hinauf bis zum Bauchnabel und wieder hinunter, tauchte in ihre Feuchtigkeit.

»Schaut mal, wie nass sie ist!«, rief sie triumphierend und hielt wohl ihre nassen Finger als Beweis ins Publikum. Dann tätschelte sie abermals Ellens feuchte Spalte, aber nur kurz, bevor sie sie an den Haaren packte und daran nach oben zog. »Na los! Nicht so faul! Steh auf.« Sie klang nicht wütend, aber sie hatte eine Autorität in der Stimme, die Ellen dazu brachte, sich ihr ganz und gar hingeben und von ihr dominieren lassen zu wollen.

Celia drehte sie einmal um hundertachtzig Grad, die Hand immer in ihrem Nacken, die Haare fest im Griff, bis Ellen dem Publikum den Rücken zukehrte.

»Jetzt runter mit dir! Bück dich!«, befahl Celia und der Druck ihrer Hände brachte Ellen dazu, auf die Knie zu gehen.

»Oh nein, nein, nein, Vier-siebenundzwanzig! Nicht auf die Knie. Bück dich, habe ich gesagt!« Sie riss sie am Haar wieder hoch. »Jetzt mach es anständig: Bück. Dich!«

Ellens Atem ging tief und schnell. Sie bückte sich langsam.

»Tiefer nach vorn, Kopf runter, Arsch in die Höhe!«

Sie beugte sich so weit nach vorn, dass sie meinte, gleich das Gleichgewicht zu verlieren. Ihr Arsch ragte Richtung Publikum. Was sie wohl für einen Anblick bot? Sie spürte die Scham, die Nähe der anderen, die Blicke.

»Spreiz die Beine, Schlampe!«, kam es aus dem Publikum.

Sie tat es.

»Und jetzt«, sagte Celia, »zieh deine Arschbacken auseinander. Alle sollen schließlich einen guten Blick auf dein kleines verstecktes Loch haben.«

Jemand aus dem Publikum lachte. Ein weibliches Lachen.

Ellen fasste ihre Pobacken und zog sie weit auseinander.

»Jetzt geh einmal herum. Du bleibst dabei so vorgebeugt und hältst den Arsch immer zum Publikum.«

Ellen schwankte in dieser erniedrigenden Position – Kopf nach unten, Arsch nach oben – den Stuhlhalbkreis ab, während sie ihre Backen weit spreizte, damit jeder sie sorgfältig in Augenschein nehmen konnte.

»Das machst du sehr brav, Hure …« Eine Männerstimme.

»Was für eine pralle Fotze …« Eine andere Männerstimme.

»So ein hübsches kleines Arschloch …« Eine Frauenstimme.

»Bleib stehen!« Celias Stimme.

Dann spürte Ellen den ersten Schlag aus dem Publikum auf ihrer Pobacke. Gleich darauf folgte der Nächste. Und ein weiterer. Die Schläge waren nicht fest, es waren eher kleine Klapse. Während sie dem Klatschen und Celias dominanter Stimme lauschte, sog Ellen die Luft des Raumes ein und die Blindheit, die ihren Geruchssinn auf eine schier phänomenale Weise schärfte, ließ sie sogar einzelne Düfte voneinander unterscheiden: *Égoïste* von Coco Chanel, *Scandal* von Jean Paul Gaultier, *Poison* von Christian Dior. Das waren keine Supermarktdeos, das waren teure Parfums.

Celia schob Ellen wieder in den Raum zurück – zwischen die beiden Pfeiler, vermutete Ellen. Vor ihrem inneren Auge sah sie, wie Celia Karabinerhaken erst in die Ösen an ihren Handmanschetten, dann an den Seilen der Pfeiler einhakte. Ihr Rücken war dem Publikum zugewandt.

»Spreiz die Beine!«, befahl Celia und fixierte auch diese an den Pfeilern.

So stand sie nun: fest eingespannt, bewegungsunfähig, weit gespreizt. Hilflos.

Klatsch!

Ellen zuckte zusammen.

Klatsch!

»Ooooh … Auuuu …«, wimmerte sie leise, denn das, was Celia ihr verabreichte, waren keine Klapse mehr, sondern Schläge.

»Schweig, Sklavin!«, rief sofort jemand aus dem Publikum.

Celia schlug sie nicht auf den Arsch, sondern mit der flachen Hand direkt auf ihre Pussy. Gleich nach dem ersten Schlag hatte Ellen reflexartig die Beine schließen wollen. Als das nicht ging, begriff sie, in welche Lage sie sich da gebracht hatte. Sie hörte das Klatschen, spürte die Schläge zwischen ihren Beinen, spürte ihre Ausweglosigkeit und – es machte sie geil.

Jeder neue Treffer war etwas härter als der vorherige und löste einen lustvollen Schmerz aus. Celia griff fest an Ellens Brüste, zwirbelte die Warzen und knetete das weiche Fleisch. Ellen hatte keine Chance. Sie kam nicht weg. Die zudringlichen Hände konnten tun, was sie wollten.

Während Celia Ellens Pussy abwechselnd mit Schlägen bearbeitete und streichelte, was Ellen in einen Strudel widersprüchlicher Gefühle riss, rief Celia ins Publikum: »Was wollt ihr? Wollt ihr sehen, wie sie geleckt wird? Oder wollen wir sie erniedrigen?«

»Das Letztere«, sagte eine tiefe männliche Stimme und die anderen stimmten murmelnd zu. »Wir wollen sehen, wie sie erniedrigt wird.«

»Zeig uns noch mal dein Arschloch, Vier-siebenundzwanzig!«, sagte Celia, während sie Ellens Pobacken spreizte. Dann spürte Ellen etwas Kleines, Dünnes und Hartes. Es schien aus Plastik zu sein. Es war zu dünn für einen Dildo, auch zu dünn für einen Vibrator. Außerdem vibrierte es nicht. Sie spürte etwas Nasses, Glitschiges – Gleitgel nahm sie an, – dann wurde das dünne Ding langsam in ihren Anus geschoben.

»Hmm …!«, mumpfte sie, denn sprechen durfte sie ja nicht. Was zum Teufel war das?

»Ein Klistier!«, hörte sie eine freudige Frauenstimme.

Wie bitte?! War das wahr? Verabreichte ihr Celia vor all diesen Menschen ein Klistier?

»Ich will, dass du das alles in dir behältst«, sagte Celia und ihre Stimme duldete keinen Widerspruch. »Du darfst es nicht herauslassen, ehe ich es dir erlaube. Solltest du scheitern, wirst du geschlagen. Und zwar nicht so harmlos wie eben, sondern mit dem Stock. Einem Rohrstock. Und eins kann ich dir versprechen, Vier-siebenundzwanzig: Das willst du nicht.« Sie klang ruhig und entspannt, doch die Wärme war aus ihrer Stimme verschwunden.

Währenddessen spürte Ellen mit leiser Panik, wie sie die kleine Flasche zusammen- und warmes Wasser in ihren Darm drückte.

»Eins.« Celia wiederholte die Prozedur und drückte erneut.

»Zwei.« Noch einmal.

»Drei.« Die Portionen waren nicht groß, doch es wurde langsam anstrengend, das Wasser, das von innen gegen ihren Muskel drückte und rauswollte, zurückzuhalten.

»Noch einmal, Vier-siebenundzwanzig: Du wirst das alles schön über den Boden spritzen, direkt vor unseren Augen. Aber nicht, bevor du die Erlaubnis bekommst! Ich will, dass du alles in dir drinbehältst. Jeden einzelnen Tropfen.«

Ellen spürte, wie ihr langsam der Schweiß ausbrach. Sie biss sich auf die Lippen.

»So ist es brav.«

Celias Schritte entfernten sich von ihr. Wo ging sie hin? Sie brauchte die Erlaubnis! Sie musste ganz dringend das Wasser loswerden! Und am besten in einer Toilette, nicht vor den Augen all dieser Leute. Das war sagenhaft peinlich!

Der Raum war jetzt von einer gespenstischen Stille und einer unerhörten Spannung erfüllt.

»Celia?«, rief Ellen verunsichert.

Dann hörte sie einen lauten Knall, einen Peitschenschlag. Erst weit entfernt, doch die Schritte die ihn begleiteten, kamen schnell näher. Es waren nicht Celias.

»Du sollst nur sprechen, wenn du gefragt wirst, Hure! Erster Fehler.« Eine Männerstimme. »Und: Es heißt nicht Celia! Es heißt *Herrin*! Zweiter Fehler.«

Jemand war hinter sie getreten, vielleicht einen Meter von ihr entfernt. Sie spürte, wie die Luft sich bewegte, nahm den

Atem auf ihrer nackten Haut wahr. Ein weiterer Luftzug, dann kamen Schritte von vorn. Dem Geruch nach waren es zwei Männer: Sie roch *Égoïste* und *Bleu* – beides Männerdüfte von Chanel. Dann hörte sie die leichten Schläge eines Riemens, der wohl auf eine Handfläche klatschte, und das Lachen der Menge.

»Fehler müssen bestraft werden«, sprach die Stimme.

Eine Peitsche klatschte auf ihren Rücken. Der Schlag war nicht allzu fest und nicht wirklich schmerzhaft, doch der Schreck fuhr ihr durch die Glieder. Kaum hatte sie wieder Luft geholt, folgte ein zweiter Peitschenhieb.

Sie schwankte in ihrer Fesselung, spürte das drängende Wasser im Darm und wimmerte in Panik und wachsender Erregung vor sich hin. Sie versuchte, der Peitsche auszuweichen, indem sie sich, soweit sie konnte, nach vorn lehnte. Da traf ein Riemen sie von vorn. Auf ihre Brüste. Sie schrie vor Überraschung auf. Lehnte sich wieder nach hinten. Die Peitsche traf ihre Pobacken. Sie warf sich nach vorn. Wieder der Riemen auf den Brüsten. Er war nicht wirklich schmerzhaft, aber sie spürte, dass er Biss bekäme, würde der Arm kräftiger ausholen. Während sie vor den Schlägen vor und zurück schwankte, jammerte und stöhnte, sah sie vor sich, wie ihre Haut sich unter jedem der Treffer langsam zu röten begann.

Die Schläge von vorn und von hinten wurden stärker. Sie kamen jetzt schneller hintereinander, trafen präzise ihre armen Pobacken, ihre geschundenen Brüste. Die getroffenen Stellen wurden immer heißer, begannen zu kochen.

Obwohl es in der Halle kühl war, hatte sie das Gefühl zu fiebern, vor Hitze und Lust zu schmelzen. Ihre Hitze schien auf die Menge übergegriffen zu haben. Das Publikum hatte begonnen, bei jedem Schlag mitzustöhnen und »schneller« und »härter!« zu rufen.

Sie keuchte und schniefte und spürte, wie ihr der Schweiß aus den Poren trat. Als sie dachte: *Gleich kann ich nicht mehr, ich halte es nicht mehr aus, gleich muss ich* Abbruch *rufen*, hörten die Schläge auf, so abrupt, wie sie begonnen hatten.

War es vorbei?

Eine Hand strich über ihren Hintern und den Rücken, während sie, mit Adrenalin gefüllt, zitterte wie Espenlaub.

Der Druck in ihrem Darm war enorm. Panisch hielt sie dagegen, war es ihr doch verboten, ohne Erlaubnis loszulassen. Und den Rohrstock, von dem Celia gesprochen hatte, wollte sie auf keinen Fall spüren. Mehr ertrug sie einfach nicht.

Sie spürte, wie die Scheinwerfer höher gedreht wurden, wie sie die Striemen auf ihrem Körper ausleuchteten. Dann nahm Ellen Celias vertrauten Duft hinter sich wahr.

»Darf ich …« wimmerte sie verzweifelt, »… darf ich bitte das Wasser in meinem … ähm … Po ….«

Gleich darauf spürte sie eine Ohrfeige. »Wer hat dir erlaubt, zu sprechen?«

»Entschuldigung, Herrin … ich …«

»Was willst du?«

»Herrin, darf ich bitte das Wasser rauslassen?«, schrie sie.

»Nein«, sagte Celia einfach nur und das Publikum lachte.

Celia begann, ihre Pussy zu bearbeiten. Nicht mit der Hand, sondern mit einer neunschwänzigen Katze. Kleine Schläge, nicht wirklich schmerzhaft, aber irgendwie beunruhigend. Mit jedem Schlag stieg das Tempo.

»Hast du jetzt langsam Lust auf einen Schwanz?«

»Ich würde lieber das Wasser …«

»Du wirst es nicht rauslassen dürfen, wenn du die Frage nicht begeistert mit Ja beantwortest, Hure!«, rief eine Männerstimme aus dem Publikum.

»Ja«, wimmerte Ellen.

»Was? Das soll Begeisterung sein?«, riefen mehrere Stimmen aus dem Publikum. »Sie will das Wasser offenbar die ganze Nacht im Arsch behalten. Wir sollten sie zustöpseln. Was hältst du davon, Hure?«

»Nein!«, rief Ellen verzweifelt. »Dann platze ich!«

»Dann antworte, wie es sich für eine Sklavin gehört«, sagte Celia streng. »Ich habe dir eben eine Frage gestellt, Vier-siebenundzwanzig: Hast du Lust auf einen Schwanz?«

»Ja, jawohl, ich habe Lust auf einen Schwanz«, jammerte Ellen, japsend und zitternd. »Große, große Lust, ich kann es kaum erwarten!«

War das begeistert genug?

»Ihr habt Vier-siebenundzwanzig gehört – sie ist eine richtige kleine Schlampe, kriegt nicht genug von Schwänzen. Gibt es jemanden, der sie ficken will?«

Wie jetzt? Sie hatte die Frage mit Ja beantwortet und durfte das schmerzende Wasser noch immer nicht aus ihrem Darm laufen lassen?

»Kommt schon«, rief Celia, als böte sie Fisch auf dem Markt feil. »Wer will sie vögeln?«

»Ich«, rief es schließlich aus dem Publikum.

»Ist das alles? Einer? Das ist nicht euer Ernst! Ihr Fötzchen ist saftig!« Finger, die ihre Pussy auseinanderschoben. »Ihre Perle ist rot und heiß!« Ein Finger, der immer wieder gegen ihre Klit tippte. »Ihr Arsch ist prall.« Ein Klatsch mit der Neunschwänzigen auf ihre Backen. »Und jetzt frage ich noch einmal: Wer will sie ficken?«

»Ich«, rief ein weiterer.

»Zwei«, zählte Celia. »Hörst du das, Vier-siebenundzwanzig? Nur zwei! Das ist armselig! Du bist zu hässlich zum Ficken, keiner will dich.«

Die Schläge, die sie wieder von unten zwischen den Beinen trafen, hatten jetzt eine gleichbleibende Frequenz. Sie waren zu ertragen, aber in Verbindung mit dem Wasser in ihrem Darm sehr anstrengend.

»Nur zwei Schwänze wollen dich ficken! Wessen Schuld ist das?«

Ellen wimmerte und kämpfte gegen den Drang an, das Wasser auf den Boden laufen zu lassen.

»Das ist eine Frage, Hure! Wessen Schuld ist das?!«, rief ein Mann aus dem Publikum.

»Meine … meine«, jammerte Ellen.

Die Schläge der neunschwänzigen Katze kamen nicht mehr von unten, sondern von oben und trafen ihren Arsch, wurden schneller und vor allem mit den letzten Zentimetern der dünnen Lederstreifen immer heftiger. Sie schluchzte.

»Ja, kämpf, Kleine«, rief einer aus dem Publikum, der die Show offenkundig sehr genoss.

»Ich mag es, wenn diese kleinen Schlampen sich winden!«, rief ein anderer.

Dann kamen die Hiebe von vorn, trafen ihren Bauch und wieder ihre armen, malträtierten Brüste. Einige Riemen landeten auf den empfindlichen, weit hervorstehenden Brustwarzen.

»Hörst du das? Sie sind nicht besonders beeindruckt von dir!« Wieder griff Celia feste zu, quetschte Ellens Nippel mit Daumen und Zeigefinger und wackelte an ihnen.

»Ich hab ihre Nummer schon wieder vergessen!« brüllte einer der Zuschauer. »Ich nenne sie einfach Fickstück.«

»Es ist Vier-siebenundzwanzig«, sagte Celia, »aber Fickstück passt auch gut zu ihr.« Und dann zu Ellen: »Stimmt doch, Fickstück, oder?«

»Ja, Herrin.«

»Du magst es, wenn man mit deinen Nippeln spielt, Fickstück, nicht wahr?«, rief der Mann von eben.

»Ja«, jammerte Ellen.

»Dann gib ihr die Nippelklemmen, Celia«, rief der Mann. »Nimm die großen!«

Ellen hörte ein metallisches Klingen und spürte einen jähen Schmerz an ihren Brustwarzen, als die Klammern zubissen. Sie japste vor Überraschung, Schmerz und Lust.

»Will jemand Vier-siebenundzwanzig anfassen?«

»Oh ja.« – »Ja, ich.« – »Ich auch«, hörte Ellen einige rufen, dann rückten die Stühle. Schritte kamen auf Ellen zu, mehrere Leute. Sie spürte eine Hand, dann eine weitere. Sie betasteten ihre Brüste, spielten mit den Klammern an ihren Warzen, tippten dagegen, was bei jeder Berührung einen neuen intensiven, aber auch lustvollen Schmerz hervorrief. Eine andere Hand glitt zwischen ihre Beine, erkundete ihre Schamlippen, bevor sich ein zudringlicher Finger ihrem Poloch näherte und es von außen betastete. »Wehe, du lässt das Wasser raus«, flüsterte eine Frau an ihrem Ohr.

Sie wollte etwas sagen, protestieren, doch jemand schob ihr die Kette, deren Enden an ihre Brustwarzen geklammert waren, zwischen die Lippen. »Beiß zu und lass nicht los!«

Nach einer Weile wurden ihre Fesseln von den Pfeilern gelöst.

Celia führte sie ein Stück weg, drückte sie nach unten. »Knie dich hin!«

»Hm … hm … hm …?«, mumpfte Ellen verzweifelt, weil sie sich erinnerte, dass sie nicht einfach so sprechen durfte.

»Was willst du, Sklavin?«

»Herrin, darf ich bitte … das Wasser …«

»Du ödest mich an mit deinem Gejammer«, sagte Celia kalt. Und dann: »Würden einige aus dem Publikum mir freundlicherweise helfen? Sie festhalten? Die Beine geöffnet?«

Sofort fanden sich willige Helfer, nicht nur Männer. Auch eine Frau rief laut »Ja« und bot ihre Hilfe an.

Celia erklärte, dass jemand sich hinter Ellen knien und ihre Arme nach hinten und oben halten solle. Zwei weitere Personen ergriffen je ein Bein und hielten Ellen an Knöcheln und Waden auf den Boden gepresst und weit gespreizt, sodass sie bewegungslos und mit gut zugänglicher, glänzend nasser Spalte dalag, den Rücken an einen kräftigen Mann gelehnt. Sie roch sein teures Aftershave, spürte den edlen Stoff seines Hemdes auf der Haut, nahm seinen Atem an ihrem Ohr wahr, hörte seine Stimme: »Gefällt dir das, Fickstück?«

Celia musste eine Tube mit Gleitgel geöffnet haben, denn die Hand, die sich Ellens Pussy zuwandte, war triefend nass. Sie rieb sie gut ein, klatschte die Feuchtigkeit auf ihr Fleisch und schob dann zwei Finger bis zum Anschlag in sie hinein.

»Du schnappst ja richtig danach«, sagte der Mann, der hinter ihr kniete und ihre Arme festhielt. »Herrlich, du kleines Fickstück …«

Celia stieß ihre Hand vor und zurück, bei jedem Stoß verschwand ein weiterer Finger in ihr. Sie stieß und drehte ihre Hand noch tiefer, während Ellen spürte, wie ihre Pussy von allein immer nasser wurde und sich mehr und mehr dehnte. Zum Schluss verschwand die komplette Hand in ihr.

»Ich liebe das. Sie ist bis zum Gelenk drin«, hörte Ellen die Frau sagen, die ihr linkes Bein festhielt, damit Celia ungestört an ihr arbeiten konnte.

»Will jemand näherkommen und sich das Ganze genauer anschauen?«, rief Celia ins Publikum und dem Stühlerücken nach zu urteilen standen alle Zuschauer auf und umringten sie.

Zrrrrrrr.

Was zum Teufel war das?

Ein Zuschauer hatte einen Vibrator eingeschaltet und führte ihn von oben an Ellens Klit heran. Oh nein, nicht das auch noch! Der Vibrator erregte sie immens, geradezu schamlos, und sie keuchte vor Lust, zumal Celia, deren Hand immer noch in ihr steckte, nicht etwa still blieb, sondern unbeirrt weiterstieß.

Nach einer Weile änderte sie ihre Taktik und begann, sie von innen an der oberen Scheidenwand zu reiben wie schon zuvor im Wagen.

Das war ein ganz und gar verstörendes Gefühl. Der Druck von Celias Faust an dieser Stelle fühlte sich an, als müsste sie gleich pinkeln. Pinkeln und gleichzeitig kommen, gegen ihren Willen, vor aller Augen – das war ein sagenhaft peinliches, aber auch unfassbar geiles Gefühl. Ellen schrie vor Panik und Lust immer lauter. Sie wollte weg, zappelte, kam aber nicht vom Fleck. Sie versuchte, den Orgasmus zurückzudrängen, der sich langsam, aber unaufhaltsam aufbaute.

»Mach weiter, Celia, du bist nah dran, die Kleine versucht es nur zu unterdrücken«, murmelte der Mann in ihrem Rücken. »Du hast sie gleich so weit. Ist doch so, Fickstück, oder?«

»Ich … weiß nicht, was das … Ich … ich komme gleich, Herrin!«

Jemand schob ihr die Kette zurück zwischen die Lippen. »Wenn du sie noch mal loslässt, bekommst du eine Ohrfeige!«

»Ihr habt Vier-siebenundzwanzig gehört«, rief Celia, während sie beharrlich weiter mit der Faust bearbeitete und sie damit fast um den Verstand brachte. »Sie kommt gleich. Und sie wird spritzen. Sie kann es gar nicht verhindern. Es wird sicher sehr amüsant. Aber wollen wir sie denn schon kommen lassen?«

Es herrschte Unstimmigkeit.

»Ja, lass die Kleine kommen«, rief eine Frau. »Ich mag es, wenn sie gegen ihren Willen kommen müssen!«

»Nein, sie soll leiden«, rief der, der ihr die Kette zurück in den Mund geschoben hatte. »Bring sie bis kurz davor, dann gib ihr eine heftige Backpfeife, das kühlt sie sofort wieder ab.«

Es gab keine Einigung.

Celia machte unbeirrt weiter.

»Gefällt dir das, Fickstück?« fragte der Mann in ihrem Rücken direkt in ihr Ohr. Er schien sehr stolz auf seinen Namen für sie zu sein.

»Ja, Sir!« wimmerte Ellen mit der Kette zwischen den Lippen.

»Und wie sehr gefällt es dir?«, rief ein Mann. »Willst du mehr? Antworte mit Ja und mit großer Begeisterung!«

»Ja, Sir. Ich will mehr!« Mit der Kette zwischen den Lippen war es schwer, deutlich zu sprechen, und sie war mittlerweile so berauscht, dass ihr das Sprechen ohnehin schwerfiel.

»Braves kleines Fickstück«, murmelte der Mann in ihrem Rücken.

Der Orgasmus in ihr baute sich auf, baute sich auf, baute sich immer mehr auf. Sie hatte das Gefühl, ihr Herz würde gleich platzen.

Da hielt Celia plötzlich in der Bewegung inne. Die Faust war in ihr, aber alles blieb still.

Auch der Vibrator auf ihrer Klit war verschwunden.

Was?! NEIN! Was war los?

»Nein, nein, nicht aufhören!« schrie sie, die Kette noch immer im Mund. Sie war so verdammt kurz davor, so kurz vor dem Orgasmus. Sie konnten sie doch nicht einfach hängen lassen! Nicht jetzt. Sie versuchte, selbst gegen die Faust zu stoßen, aber mehrere Hände pressten ihre Hüfte auf den Boden, hielten sie bewegungslos.

»Nein, neiiin!«

Celia packte sie an den Haaren. »Du hast nur zu reden, wenn du angesprochen wirst! Und wenn ein Gast dir eine

Frage stellt, antwortest du mit gebührendem Respekt! Hast du das endlich verstanden?«

»Ja, Herrin. Jaa, bitte entschuldigen Sie!«, heulte Ellen, bereute ihre fehlende Beherrschung und wollte durch brave Unterwürfigkeit ihren Fehler wiedergutmachen.

Doch Celia bewegte ihre Hand nicht. Der Vibrator blieb weg. Und sie konnte die Beine nicht schließen, die Hände nicht bewegen, es sich nicht selbst machen. Sie hielt es einfach nicht mehr aus!

Ihr Jammern verwandelte sich in ein kaum mehr verständliches Quieken. »Biiitte, biiitte, biiitte … ich will kommen, biiitte lasst mich kommen!«

Ihr Gewinsel schien die Gäste um sie herum überaus zu amüsieren. »Quiiiiek, Quiiiiek ….«, rief eine Frau lachend. »Was für ein jämmerliches kleines Ferkel.«

Und ein Mann: »Was denkt ihr? Wollen wir sie kommen lassen?«

Zustimmung. Gott sei Dank Zustimmung von allen Seiten.

»Gut, Vier-siebenundzwanzig. Du hast die Entscheidung gehört. Du hast die Erlaubnis. Du darfst jetzt gleich alles herauslassen, was dich bedrückt! Hörst du? Alles!«

Celia bewegte ihre Faust wieder, beschleunigte das Stoßen und der Mann mit dem Vibrator drückte den vibrierenden Kopf fest gegen ihre Klit. So fest, dass es fast zu intensiv war, fast schon wehtat, aber nur fast, denn irgendwie war es auch gut.

»Na los, mach schon, jetzt oder nie, Fickstück«, flüsterte ihr der Mann, der ihre Arme im Rücken hielt ins Ohr. »Ich will spüren, wie du krampfst. Du darfst kommen. Komm!«

Ellens Winseln wurde lauter und lauter und als der Vibrator auf eine höhere Stufe gestellt wurde, konnte sie nicht mehr: Ihr ganzer Körper wurde von lustvollen Vorbeben und einem so heftigen Zittern erfasst, dass sie trotz der Hände, die sie festhielten, hin und her geworfen wurde. Sie zitterte nicht, sie schlotterte. Sie hatte keine Kontrolle mehr über ihre Gliedmaßen und auch nicht über ihren Darm oder ihre Stimme. Sie saß auf dem Boden, mit dem Rücken an einen teuer riechenden Mann gelehnt, der sie Fickstück nannte, die Beine hilflos weit gespreizt, mit einer Faust in ihrem Innern, einen Vibrator auf ihre Klitoris gepresst. Ihre Gier, endlich diesen gewaltigen Orgasmus zu erleben, der sich in der letzten Stunde angebahnt hatte, war nicht mehr menschlich.

Und dann kam es ihr.

Es. Kam. Ihr.

Sie entlud sich japsend, schwitzend, winselnd und sabbernd. Wasser floss aus ihrem Darm auf den Betonboden. Saft triefte aus ihrer Pussy.

Das Publikum johlte. »Sie ist eine richtige Fontäne!«

Ellen japste und winselte hemmungslos vor Lust. Es war unglaublich. Dieser Orgasmus war einfach sagenhaft.

»Was sagst du, wenn jemand dich kommen lässt?« Celias Stimme hatte einen kalten Beiklang.

»Vielen Dank, Herren und Herrinnen!«, sagte Ellen, immer noch japsend. »Vielen Dank, dass Vier-siebenundzwanzig kommen durfte.«

***

Während Ellen sich noch erholte, wurde es unruhig im Raum.

Kleine Umbauten erfolgten und nach wenigen Minuten, die sie still und schwer atmend auf dem Boden zugebracht hatte, ohne dass jemand ihre Glieder festhielt, wurden ihre Hände wieder ergriffen und diesmal mit einem breiten Lederband auf den Rücken geschnürt.

Sie wurde auf ein knöchelhohes, samtgepolstertes Podest bugsiert. Ihre Knie wurden gebeugt und Ober- wie Unterschenkel ebenfalls mit einem breiten Lederriemen zusammengebunden. Sie konnte die Beine nicht mehr schließen. So wurde sie mit gespreizten Schenkeln dort niedergelassen.

Erneut spürte Ellen, wie Celia sie umkreiste wie ein Haifisch seine Beute.

»Was stimmt an diesem Bild nicht?«, hörte sie sie ins Publikum rufen.

»Der Mund. Die Hure hat den Mund nicht offen.« Eine weibliche Stimme von weit hinten prangerte das Vergehen an.

»Mund auf!« befahl Celia. »Weiter. Noch weiter! Und jetzt bleib so.«

Ellen spürte die unmittelbare Nähe eines weiteren Menschen. Er betrat das Podest, auf dem Ellen mit fest geschnürten Gliedmaßen und offenem Mund ihr Schicksal erwartete.

Celia flüsterte ihr ins Ohr, dass der Mann nichts trug als ein offenes Hemd, dessen Kragen von einer kaum mehr gebundenen Krawatte gehalten wurde, während sein harter, pulsierender Schwanz zwischen den Beinen hervorragte. Ellen spürte dessen Berührung an ihrer Wange, fühlte, wie sein Schwanz dagegenklopfte, ihr kleine Ohrfeigen gab. Er ohrfeigte ihre Haut, ihre Nase, ihre Lippen und Ellen schob den Kopf nach vorn, damit der Schwanz in ihren Mund gleiten konnte.

Die pralle Eichel verschwand zwischen ihren Lippen.

»Schön dran saugen«, sagte die tiefe Stimme und sie gehorchte.

»Tiefer.« Sie tat, was er wollte.

»Noch tiefer.«

Sie spürte ihn an ihrem Zäpfchen, würgte kurz. Er wartete, während sie sich beruhigte, streichelte ihr Haar. Deep Throat stand nicht auf der Liste ihrer Tabus. Es war anstrengend, aber sie wollte es.

»Jetzt ganz rein.« Er hielt ihren Hinterkopf fest und schob sich behutsam noch tiefer. Er war nicht roh, wie sie befürchtet hatte. Er war ganz langsam, achtete sie, passte auf. »Ja, so ist es gut!«, lobte die Stimme. »Öffne deine Kehle. Schluck einfach.«

Selbst wenn sie wollte, sie hätte jetzt kein Zeichen mehr geben können. Er hielt sie fest und schob sich in sie. Sie konnte nur tun, was er wollte.

Und sie tat es. Sie schluckte.

»Atme durch die Nase«, sagte der Mann ruhig und hielt wieder einen Moment inne, damit sie sich an das Gefühl gewöhnen konnte. »Entspann dich.« Und dann begann er, in ihren Rachen zu stoßen. Seine Eier klatschten gegen ihr Kinn.

Sie kämpfte mit dem Schwanz in ihrem Rachen, kämpfte mit der Atemnot und spürte, wie der Speichel aus ihrem Mund floss und Fäden zog, wie ihre Augen unter der Augenbinde tränten.

»Siehst du, wie gut das geht?«, sagte der Mann und seine Stimme klang nicht hart, sondern weich. »Das machst du brav. Und jetzt streck die Zunge raus und leck meine Eier.«

Ellen wollte den Kopf zurückziehen, um seinem Befehl nachzukommen, doch sofort drängte der Mann hinterher. »Nein, lass ihn drin und leck währenddessen meine Eier. Dein Näschen will ich tief in meinem Schamhaar spüren, deine kleine Zunge aber an meinen Eiern. Das ist doch nicht schwer.«

Das ist doch nicht schwer? Sie begann, so gut es ihr mit seinem Schwanz im Hals möglich war, mit der Zunge an seinen Hoden zu spielen.

»Na, siehst du. Brave kleine Hure.« Er streichelte wieder ihr Haar.

Obwohl er so direkt mit ihr sprach, spürte sie die Wärme in seiner Stimme … und gab sich hin. Der Speichel überschwemmte wieder ihren Mund, lief ihre Mundwinkel hinunter und landete auf ihren Brüsten, auf dem Boden, dem Podest. Einige Male musste sie den Kopf zurückziehen, um wieder richtig Luft holen zu können, doch er trieb sie mit der Hand am Hinterkopf jedes Mal sanft, aber bestimmt wieder zurück, sodass sie erneut seinen Schwanz schluckte und wieder schmatzend zu lecken begann.

»Gutes Mädchen.«

Dann zog sich der Mann aus ihrem Mund zurück und machte Platz für einen anderen. Der Reihe nach kamen nun Männer auf sie zu, die sie lutschen musste. Manche waren groß, andere kleiner, manche schoben sich ihr kerzengerade in den Rachen hinein, andere waren leicht nach oben gebogen, sodass die Eichel ihren Gaumen kitzelte. Aber ein jeder war behutsam mit ihr. Obwohl sie so hilflos war und sich gegen nichts wehren konnte, spürte sie genau, dass die Männer – auch wenn mancher, so wie der erste, so tief in sie hineinging, dass es anstrengend für sie war – immer aufpassten, vorsichtig waren und sie mit sanfter Bestimmtheit so lenkten, dass sie nicht über ihre Grenzen ging.

Doch keiner der Schwänze, kein einziger, ergoss sich in ihr. Warum nur?

Sie fühlte Celias kräftige schlanke Finger an ihren Nippeln. Dann den Griff im Nacken, an dem sie sie nach hinten zog, sodass der Schwanz, den sie in der Kehle hatte, herausflutschte.

»Und, Vier-siebenundzwanzig? Gefällt dir das?«

Sie hustete. »Ja!«

»Wie heißt das?« Eine Ohrfeige knallte auf ihre Wange. Erst rechts, dann links.

»Entschuldigung … Ja, Herrin!«

»Und? Sag mir, Sklavin: Was willst du jetzt?«

»Ich will … noch mehr Schwänze, Herrin?«, antwortete Ellen fragend.

»Brav, Schlampe!«, rief es aus dem Publikum.

Und Ellen bekam, wonach sie verlangt hatte, denn schon spürte sie den nächsten an ihren Lippen, während ein anderer mit einer Reitgerte ihre Spalte untersuchte und dann begann, ihre Schenkel und die Klitoris abzuklatschen.

»Was willst du, Vier-siebenundzwanzig? Sag es laut! Und mit Begeisterung! Bitte uns darum. Bettle uns an!«

»Noch mehr Schwänze!«, schrie sie lauthals. »Bitte! Noch mehr Schwänze! Ich flehe euch an!«

Die Fesseln an ihren Händen wurden gelöst. Hinter ihr hockte sich einer der Gäste nieder, der – das spürte sie an ihrem Rücken – ein ungewöhnlich prachtvolles Exemplar sein Eigen nannte. Sofort griff Ellen hinter sich und begann ihn zu reiben.

»Gut so! Mach mich heiß«, flüsterte eine raue, noch unbekannte Stimme ihr ins Ohr.

Dann hörte sie, wie ein weiterer Mann sich neben sie stellte, auf die andere Seite. Sie arbeitete nun mit beiden Händen an zwei Prachtexemplaren, während sie an einem dritten hingebungsvoll schleckte.

»Konzentrier dich«, sagte der Mann, dessen Schwanz sie gerade im Mund hatte. »Leck mich nicht so automatisch, sondern mit Gefühl … sanft und liebevoll. Und mit Leidenschaft.«

Sie tat es. Sie legte alle Zärtlichkeit hinein, die sie aufbringen konnte, spielte mit der Zunge an seiner Vorhaut, schob sie mit der Spitze zurück, drang darunter, kitzelte die Spitze.

Er stöhnte glücklich und befriedigt über ihr, und an der Art, wie er ihre Haare streichelte, merkte sie, wie gut es ihm gefiel.

»Jetzt kommen wir langsam voran und du machst einen guten Job!«, sagte ein anderer lobend.

So leidenschaftlich, wie sie die Schwänze verwöhnte, spielten Hände an ihren Brüsten, umklammerten ihre Nippel, zogen daran und streichelten sie.

»Was ist los mit euch? Wollt ihr sie denn nicht endlich mal vögeln?«

Ellen hörte Celias Stimme aus einiger Entfernung, sie hatte sich offenbar in den Raum zurückgezogen, damit ihre Gäste ihren Spaß mit Ellen haben konnten.

»Ja, ich will sie ficken!«

»Das hört sich doch gut an!«, rief Celia.

Die Lederbänder, die ihre Ober- und Unterschenkel miteinander verbanden, wurden geöffnet. Ellen atmete auf.

»Was sagst du, wenn man dich befreit?«

»Danke, Gebieterin!«

Blind musste sie tasten. Vier oder fünf Männer? Ellen war sich nicht sicher, sie taumelte kniend von Schwanz zu Schwanz, umringt von nach Erregung riechenden Männern, die sie mit aller Hingabe streichelte, saugte, leckte und verwöhnte, wie es sich für die brave Hure, die sie war, gehörte.

Doch mit einem Mal waren alle Männer weg.

Sie wurde unter den Armen gefasst und nach oben gerissen.

Der Kerl musste ein Hulk sein!

Sie war zwar schlank und von zierlichem Bau, aber ihre knapp hundert Pfund so spielerisch zu handhaben, ging nur mit außergewöhnlicher Physis. Und richtig: Sie spürte gewaltige Brustmuskeln an ihrem Rücken. Und wurde sogleich vornübergebeugt. Sie war wie eine Wachspuppe in diesen starken Händen.

»Den Arsch in die Höhe!«, sprach ein phänomenal tiefer Bass.

Sie suchte das Samtkissen unter sich, kniete sich darauf und reckte ihren Hintern so weit es ging in die Höhe. Dann spürte sie seine Finger an ihrer Spalte, die kundig tasteten, ob sie feucht genug war, mit ihren Schamlippen spielten, ihrer Klit. Sie seufzte in den Samt. Das Ergebnis schien ihn zu befriedigen, denn nur wenige Sekunden später ersetzte er seine Finger durch seinen Schwanz. Sie war so nass, dass der Saft schon ihre Schenkel entlang nach unten lief, außerdem hatte Celias Faust sie so gut geweitet, dass dieses Exemplar, das ihr unter normalen Umständen Schmerzen bereitet hätte, problemlos in sie hineinglitt.

Ein weiterer Gast platzierte sich vor ihr und hielt ihr seinen Schwanz hin, den sie hingebungsvoll einsaugte.

»Was denkt ihr? Sollte ihr Arschloch nicht auch gefickt werden?«, fragte Celia.

Nein!, wollte sie panisch rufen, wurde aber von dem Schwanz in ihrem Hals daran gehindert.

»Auf jeden Fall.« Celias Vorschlag fand größte Zustimmung bei allen Anwesenden, männlichen wie weiblichen.

Augenblicklich hörte der Hulk auf, ihre Pussy stoßen, zog seinen Schwanz aus ihr und platzierte ihn wenige Zentimeter weiter oben. Ellen fühlte, wie er ihre Backen spreizte und wie etwas Feuchtes zwischen ihre Backen floss. *Gleitgel*, dachte sie. Dann spürte sie … einen Finger. Behutsam tastete der Hulk sich in sie hinein, murmelte ihr beruhigend zu, während er mit der anderen Hand ihre Spalte streichelte.

»Keine Angst«, sagte er. »Es wird schön für dich. Ich mach es sanft.«

»Aber Sie sind so groß«, flüsterte Ellen, die den anderen Schwanz kurz aus dem Mund hatte gleiten lassen.

»Und du bist erregt«, sagte er und schob vorsichtig einen zweiten Finger nach.

Ellen war erstaunt, wie zärtlich er war, wie sehr seine Finger an ihrer Spalte sie erregten, wie bereitwillig sie sich entspannte. Gierig saugte sie den Schwanz wieder ein.

Ein dritter Finger. Sie hörte, wie die Zuschauer näherkamen, wie alle den Atem anhielten. Er rieb jetzt ihre Klitoris. Das fühlte sich, zusammen mit den Fingern in ihrem Anus, so verstörend gut an, dass sie dachte, sie müsste vergehen. Sie saugte währenddessen wie eine Wilde.

Dann spürte sie, wie der Hulk die Finger zurückzog und seine Eichel ansetzte. Sie verkrampfte sich für eine Sekunde.

»Lass es einfach zu«, sagte er tief und umkreiste mit seinem Zeigefinger zärtlich und wissend ihre Klit. Sie ließ locker, seufzte. Da drang er behutsam und glitschig immer tiefer sie ein.

Es war ein unglaubliches, ein extremes Gefühl und sie begann, um den Schwanz herumzuhecheln.

Nur wenige kleine Stöße empfing sie, bevor er sich wieder aus ihr zurückzog, was sie bedauerte. Fast hätte sie ihn zurückgerufen, ihn angebettelt, weiterzumachen, oder ihm wenigstens für diese so unglaubliche Erfahrung gedankt.

Aber da war schon ein weiterer Gast neben ihr und befahl ihr, kurz von dem Samtpodest aufzustehen, damit er sich unter sie legen konnte. Er führte von unten seinen Schwanz in sie ein, dann spürte sie in ihrem Rücken wieder den Hulk. Sie war so dankbar, dass sie aufschluchzte. Erneut tastete er nach ihrem kleineren Loch, erneut schob er sich in sie. Erneut flutete dieses unglaubliche Gefühl ihren Körper. Nur dass sie zusätzlich noch von diesem Mann unter ihr penetriert wurde.

Es war unfassbar: Sie war völlig ausgefüllt. Ein Mann unter, ein Mann über ihr. Und mit ihrem Mund verwöhnte sie wieder die pralle Eichel von gerade eben, bedachte sie mit schnellen Zungenschlägen, während sie mit beiden Händen je einen Schwanz rieb.

Nach kurzer Zeit zogen sich jedoch auch diese Männer wieder zurück und sie wurde ergriffen, auf den Rücken gedreht und festgehalten. Alle Männer traten nun der Reihe nach an sie heran, um über ihrem blanken Körper ihre Schwänze zu reiben, sich dann stöhnend auf ihrer Haut zu entladen, über ihre weißen Schenkel, den Bauch und ins Gesicht.

»Mäulchen auf«, rief einer. »Weit auf!«

Und dann landeten wie Lava die heißen Tropfen überall auf ihrem Körper, auf ihrer Zunge, in ihrem Mund.

***

Nachdem sich die Gäste über ihr erleichtert hatten, nahm Ellen wieder einen weiblichen Geruch wahr. Celia. Gleich über ihrem Mund schwebte Celias glühende Möse.

»Streck die Zunge raus, Vier-siebenundzwanzig!«

Ellen tat es und sogleich setzte sich Celia auf ihr Gesicht. Rieb sich an ihrer Nase, presste ihre feuchte Spalte fest auf ihr Gesicht, erhob sich wieder ein Stück, nur um sich wieder herabklatschen zu lassen.

Dann begann sie, sich heftig an ihr zu reiben. Sie masturbierte sich an Ellens Gesicht, ritt sie, stöhnte, triefte und genoss.

Ellen schmeckte Celias Erregung und wenn Celia sich ein Stück erhob, ließ sie ihre Zungenspitze über die inneren Schamlippen gleiten, umspielte die Klitoris ihrer Herrin und streichelte sie, schmatzte, küsste und schlürfte. Noch nie hatte sie eine andere Frau so verwöhnt. Doch so ungewohnt es auch war – es gefiel ihr. Es gefiel ihr außerordentlich!

Sie hörte, wie Celias Atemzüge sich beschleunigten, ihr Stöhnen sich vertiefte, und sie dachte: *Gleich, gleich kommt sie!*

Doch mit einem Mal war Celia weg. Ellen lag da, nackt und blind.

Dann spürte sie erneut warme Tropfen auf ihrer Haut, ihrer Brust, dem Bauch, im Gesicht. Wieder liefen kleine Rinnsale ihren Körper hinab.

Celia pinkelte sie an!

Celia, ihre Herrin, hatte sich über sie gestellt und ließ den warmen Regen auf sie herabpladdern. Ellen hätte so etwas niemals mit sich machen lassen, wenn es irgendwer getan hätte. Es war aber nicht irgendwer.

Celia war ihre Gebieterin. Celia durfte alles, denn Nummer Vier-siebenundzwanzig gehörte ihr mit Leib und Seele.

Als der Strahl abebbte, hörte sie die Stimme ihrer Herrin. »Und? Hast du genug?«

Ellen antwortete nicht, denn ihr Verstand hatte sich mittlerweile fast verabschiedet, sie sah nur noch Schwänze vor ihrem inneren Auge, Zungen, Celias Pussy, Celias warmen Regen auf ihrer Haut. Und sie wollte all das.

»Was sagt ihr?«, rief Celia in den Raum. »Hat sie genug? Sind wir zufrieden mit der Hure des Abends?«

Applaus und Jubel aus allen Ecken des Raumes.

Celia lachte fröhlich über die japsende, völlig erschöpfte und kurz vor dem Zusammenbruch stehende Ellen. Sie hockte sich neben sie und nahm ihr die Augenbinde ab.

Das Scheinwerferlicht blendete Ellen und in der Lichtaura kam ihr Celia wie ein Engel vor. Celia küsste sie zärtlich. »Scht ...«, hauchte sie ihr ins Ohr. »Du hast das ganz wunderbar gemacht, Ellen. Ganz fantastisch.« Sie streichelte Ellens Wange, während sie sie fest in den Armen hielt und hin und her wiegte.

»Bravo, Ellen!« – »Super gemacht!« – »Ganz toll, Ellen!« Ellen hörte die Stimmen aus dem Publikum, die jetzt keine fremden Stimmen mehr waren. Die Leute um sie herum klatschten, beglückwünschten sie und eine der Frauen warf ihr einen Luftkuss zu.

Ellen war tief erschöpft und glücklich. Glücklich darüber, dass es vorbei war, und noch glücklicher, dass sie es gewagt hatte. Dass sie über ihren Schatten gesprungen war, Celia vertraut und einen vollkommen neuen Raum betreten hatte.

Sie bekam ein Handtuch gereicht und ihren kleinen Jeansrucksack. Plötzlich zitterte und fror sie und Ellen führte sie in einen kleinen Nebenraum zu einer Dusche, wo sie die Nässe von ihrem Körper spülen und Wärme tanken konnte.

***

Ellen hatte nicht auf die Uhr geschaut, aber als sie aus dem Fabriktor nach draußen traten, ging die Sonne gerade unter. Der Himmel war in ein brennendes Rot getaucht und dieser Anblick kam ihr vor wie ein Zeichen.

Die Limousine brauchte sie zurück zum Flughafen und sie schaffte gerade noch rechtzeitig ihren Flug.

***

Drei Tage lang hielten die Nachwirkungen dieses einzigartigen Erlebnisses an. Drei Tage, an denen sie sich vorkam, als schwebte sie unter der Wirkung einer starken, alles weichmachenden Droge dahin. Drei Tage, an denen sie versuchte, ihren Bürojob zu erledigen, Einkäufe zu machen, sich wie ein normaler Mensch mit Freunden zu verabreden, ohne irgendwen ihren inneren Aufruhr spüren zu lassen. Was ihr nicht gelang.

Nur langsam ließ der Rausch nach. Und nur langsam fand sie in ihr altes Leben zurück. Doch egal, wie sehr sie auch nach außen hin funktionierte, lachte und das Haar zurückwarf – tief im Innern hatte sie das Gefühl, dass ihr etwas fehlte. Etwas Wesentliches.

Am fünften Tag summte ihr Handy. Eine Kurznachricht von Celia! »Nächste Woche Samstag, elf Uhr!« Dann eine Adresse irgendwo in Maine.

Die Nachricht endete mit den Worten: »Nummer Vierachtundzwanzig hat sich bei mir gemeldet. Vielleicht hast du ja Lust, sie gemeinsam mit mir und den anderen als unseren neuen Gast willkommen zu heißen. Grüße, Celia.«

Ellen musste nicht lange überlegen. Gleich als sie von der Arbeit nach Hause kam, fuhr sie den Rechner hoch und bestellte online ein Flugticket nach Maine.

Der gierige Sexroboter

Ich weiß nicht, wer mit dem Getuschel angefangen hatte. Aber irgendwann wussten es alle vierzehn Studenten meines Jahrgangs: Amanda hatte den Jackpot geknackt. Sie würde das absolut Unfassbare geschenkt bekommen: den Prototypen.

Fangen wir besser von vorn an: Amanda war eine meiner Kommilitoninnen. Wir studierten gemeinsam Schauspiel in London an einer kleinen, aber exklusiven Schauspielschule, die nur fünfzehn Studenten pro Jahr annahm. Ich hatte wahnsinniges Glück, weil ich beim Vorsprechen offenbar total beeindruckt hatte: Ich war nicht nur angenommen worden, sondern bekam zudem eins von nur zwei Stipendien pro Jahr. Ich selbst hätte mir niemals die hohen Studiengebühren leisten können. Meine einzige Chance war ein Stipendium. Ich bin mit meiner alleinerziehenden Mutter und meinen beiden kleinen Schwestern in einem Arbeiterviertel in Brighton aufgewachsen, einer Stadt an der Südküste Großbritanniens. Meinen Vater hab ich nie kennengelernt und meine Mutter hat sich die Hände wundgescheuert, um uns alle durchzukriegen. Ein Studium an einer exklusiven Schule wie dieser lag im Grunde außerhalb meiner Möglichkeiten, doch das Stipendium öffnete mir die Tür. Es deckte die Studiengebühren komplett ab. So blieben nur noch meine kleinen Lebenshaltungskosten und die Miete für das schmale Zimmer im Studentenwohnheim.

Um das Geld dafür aufzubringen, hatte ich mir einen Job für die Abendstunden gesucht. Von montags bis freitags saß ich zwischen acht und Mitternacht bei Sainsbury's an der Kasse, am Wochenende stand ich hinter der Theke einer Bar, in der viele meiner Kommilitonen verkehrten. Auch Amanda kam oft dorthin.

Amanda und ich waren zwar keine Freundinnen, aber wir lächelten uns an, wenn wir uns begegneten. Wir hatten einige

Kurse zusammen und manchmal saßen wir in der Mensa an einem Tisch, gemeinsam mit den anderen.

Sie war nicht besonders gut im Schauspiel: zu aufgeregt, stets zu nah am Aufgeben, wenn etwas nicht klappte – sie hielt unangenehme Situationen einfach schlecht aus. Dennoch war sie trotz ihrer schwachen Leistung von dieser renommierten Schauspielschule aufgenommen worden und man könnte jetzt fragen, warum.

Nun: Bei der Aufnahme ging es nicht nur um Talent, sondern auch um Geld. Die Schule war teuer. Sie vergab zwar pro Jahr diese beiden Stipendien, von denen ich wie gesagt eins erhalten hatte, aber sie war angewiesen auf die zahlenden Studierenden. Amanda bot der Schule aber noch einen weiteren entscheidenden Vorteil: Sie war berühmt. Mit bekannten Namen schmückte die Schule sich gern. Sprösslinge von Berühmtheiten zogen Sprösslinge anderer Berühmtheiten an.

Sie stammte aus New York, war Alleinerbin einer bekannten, exklusiven Hotelkette, deren Häuser überall auf der Welt standen. Ständig wurde etwas in der Yellow Press über ihre Familie berichtet. Amanda verdrehte dann immer nur die Augen und lachte.

Während wir anderen in kleinen Zimmerchen im Studentenwohnheim lebten, hatte Amanda ein großes Haus gemietet, direkt gegenüber unserem Gebäude.

»Ich hab bald Geburtstag«, sagte sie eines Tages in der Mensa.

Wir sahen auf. »Was machst du?«, fragte Mark. »Fliegst du rüber?«

»Ja, ich muss, meine Eltern wollen mich sehen«, sagte Amanda und seufzte, als wäre es eine Last, eben mal nach New York zu fliegen. »Aber feiern will ich hier. Mit euch! Kommt ihr? Ich schmeiß 'ne Party. Platz genug ist ja in meinem Haus.«

Natürlich waren wir alle begeistert.

»Was kriegst du denn zum Geburtstag?«, fragte Lucille neugierig.

»Den Prototypen«, sagte Amanda.

Und damit war das Geheimnis gelüftet.

***

Um den Unterschied zwischen Amanda und mir noch einmal deutlicher zu machen: Zu meinem Geburtstag bekam ich ein kleines Päckchen von zu Hause und vergoss ein paar Tränen der Rührung, als ich es auspackte: Es war eine mit Brightoner Muscheln beklebte Schmuckschatulle, in der ein Foto meiner Mutter und meiner kleinen Schwestern lag, wie sie mir zuwinkten und einen Geburtstagskuchen in die Kamera hielten.

Amanda hingegen bekam … den Prototypen!

Jetzt fragen Sie sich vielleicht, was das denn überhaupt sein soll, dieser Prototyp. Amandas Familie, müssen Sie wissen, finanzierte ein Forschungslabor in Japan. Zumindest erzählte man sich das. Der Prototyp sei, so munkelte man, der heißeste Scheiß auf dem Gebiet der künstlichen Intelligenz. Eine vollkommen neue Technik: gewagt, illusionär und wir wussten nicht mal, ob das Ganze überhaupt legal war. Es hieß, den Wissenschaftlern sei das allererste Mal eine Synthese aus Biochemie und Physik geglückt: eine künstliche Intelligenz arbeitete in einem Körper, der genetisch (oder durch Klonen?) hergestellt worden sei. Irgendwie so. Fragen Sie nicht näher. Ich kann es sowieso nicht erklären. Ich sage hier nur, was man sich auf den Gängen unserer Schule erzählte. Kurz und gut: Es war den Japanern offenbar gelungen. Der Prototyp war fertig. Heureka.

»Sag mal«, wagte Lucille sich beim Mittagessen ein paar Tage vor Amandas Geburtstag noch einmal vor, »wie kommt der Prototyp denn hierher?«

»Ach ...«, sagte Amanda und lachte. »Den bringt mein Bruder mit. Der kommt mich zur Party besuchen.«

»Zeigst du uns den Prototypen auch?«, fragte Mark.

»Klar, Mensch«, sagte Amanda und boxte ihn spielerisch gegen die Schulter. »Was denkt ihr denn? Natürlich! Ihr werdet Augen machen! Das ist der heißeste Scheiß, aber echt!«

***

Dann war es endlich so weit.

Als ich ankam, war die Party schon in vollem Gange. Ich hatte etwas länger gebraucht, weil meine Mutter angerufen hatte. Sie hatte Ärger mit dem Vermieter, der die Miete erhöhen wollte und sich dauernd über alles beschwerte, über angeblichen Lärm, angeblichen Müll, angebliches Was-auch-immer, einfach deshalb, weil er meine Mutter und die Kinder raushaben wollte. Er wollte den Wohnblock sanieren und Ferienapartments für wohlhabende Touristen daraus machen, die es an die britische Südküste zog. Aber meine Mutter blieb seit Jahren hartnäckig. Und jetzt drehte er die Schraube immer enger.

Über eine Stunde hatten wir telefoniert, dann erst hatte ich mich umgezogen und geschminkt und war über die Straße zu Amandas Wohnsitz gegangen. In meinem Kopf saßen noch immer die Sorgen meiner Mutter, drohten sich dort breitzumachen, und klopften von innen gegen meinen Schädel.

So war das Erste, was ich tat, als ich das Geschehen betrat, in die Küche zu gehen und mir ein großes Glas Whiskey einzuschenken und hinunterzukippen. Dann erst mischte ich mich unters Volk.

Amanda hatte keine Mühe gescheut. Es gab zwei Tanzflächen (eine draußen im Garten, eine drinnen), einen DJ, ein gigantisches Buffet, eine Gruppe, die Street Dance aufführte. Draußen im Garten war eine richtige Bar aufgebaut, hinter der ein Barkeeper Getränkewünsche entgegennahm. Ich lachte, quatschte mit jedem, versuchte, die Sorgen meiner Mutter zu verdrängen und mich zu amüsieren. Ich trank Bier und hin und wieder Whiskey, ich trank viel zu schnell. So kam es, wie es kommen musste: Nachdem ich zuerst aufgedreht und fröhlich wurde, sackte mein Energielevel immer mehr ab und schließlich versank ich geradezu in der Couch im Wohnzimmer.

Als ich einmal aufstand, um aufs Klo zu gehen, musste ich mich an der Wand abstützen. Ich sah doppelt, mir war ein wenig übel und ich stolperte beim Gehen. Irgendwie fand ich das Badezimmer – es war im ersten Stock. Die Treppenstufen hatten vor meinen Augen geschwankt.

Endlich saß ich auf der Schüssel, pinkelte und atmete tief durch. Dann stand ich auf, zog den Slip wieder hoch und den Rock hinunter, spülte und trat ans Waschbecken. Ich nahm Amandas Zahnputzbecher und trank hintereinander drei Becher kalten Wassers. Verdammter Mist, warum hatte ich nicht aufgepasst! Jetzt war ich blau und wenn ich blau war, tat ich peinliche Dinge. Ich hatte mich so auf die Party gefreut, auch um neue Leute kennenzulernen, vielleicht sogar endlich mal wieder einen netten Kerl. So betrunken, wie ich jetzt war, war ich aber nicht mal in der Lage, einen Satz zu sprechen, ohne zu lallen. Ich öffnete das Fenster zum Garten, atmete gierig die frische Luft ein, aber wirklich klarer wurde ich nicht. Die Musik drang von unten ins Bad, die Bässe, das Gelächter der Leute. Mir war schwindelig.

Ich brauchte eine Pause, nur eine halbe Stunde, vielleicht eine Stunde, so lange, bis der größte Rausch vorbei war. Ich war einfach nur noch hundemüde.

Vorsichtig öffnete ich das Bad und schaute hinaus. Niemand war zu sehen. Sie waren alle unten im Garten. Ich ging weiter in den halbdunklen Gang. Tastete mich die Wände entlang. Öffnete die Türen.

Die erste führte offenbar in Amandas Arbeitszimmer. Ich sah nur einen gigantischen Glasschreibtisch, auf dem ein Computer thronte. Rasch schloss ich die Tür wieder. Nahm den nächsten Raum, der ein Schlafgemach für Schuhe war: vom Boden bis zur Decke waren Regale aufgebaut, in denen Paar um Paar stand und auf seinen Auftritt wartete. Auch diese Tür schloss ich wieder. Die dritte führte genau dahin, wo ich hinwollte: in ein Gästezimmer.

Gott sei Dank.

Das Zimmer war dunkel, nur die Straßenlaternen gaben etwas Licht, aber es war zu wenig, um etwas näher betrachten zu können.

Ich sah die Umrisse einer kleinen Kommode, auf der offenbar eine Uhr stand, Bilder an den Wänden, die ich aber nur als dunkle Flecken erkannte. Dann sah ich die Form eines großen Bettes, das wie ein weiches Versprechen an mir zupfte. Leise trat ich ein und schloss die Tür hinter mir. Ging zum Bett, streifte die Schuhe ab. *Nur ein Stündchen*, sagte ich mir und ließ mich auf die Matratze sinken.

***

Ich erwachte von einem Geräusch. Mühsam öffnete ich die Augen, sah mich im dämmrigen Zimmer um. Ich wusste nicht, wie lange ich geschlafen hatte, aber die Musik aus dem Garten war leiser geworden und der Himmel draußen noch dunkler. Im schwachen Licht der Straßenlaternen sah ich, dass jemand neben mir auf dem Bett lag und schlief.

Ich blinzelte, versuchte meine Benommenheit abzuschütteln, meine Augen an die Dunkelheit zu gewöhnen, und schaute dann den Mann an. Ich kannte ihn nicht. Er war jung, vielleicht zwanzig, und sein Gesicht war sehr weiß. Hatte er schon hier gelegen, als ich hereingekommen und aufs Bett gesunken war?

Dann durchfuhr mich klar und leuchtend wie ein aufloderndes Feuer eine Erkenntnis: Das war er! Das war der Prototyp!

Behutsam setzte ich mich auf, beugte mich über ihn. Er war tatsächlich ungewöhnlich blass. Sein Gesicht und seine Hände schienen wie Mondflecken aus dem Dunkel hervorzuleuchten. Das dünne Licht der Straßenlaternen hob feine Züge heraus, eine stolze Nase und einen kühnen Schwung der Brauen. Er war schön. Diese weiße Stirn, die langen, sanft gebogenen Wimpern und der anziehende Mund …

Ohne weiter nachzudenken, legte ich eine Hand an seine Wange, strich sanft darüber. Spürte feine Stoppeln und bewunderte die Feinheit der Ausführung dieses Roboters – selbst an Bartstoppeln hatte man gedacht!

Er bewegte sich nicht, offenbar war er im Ruhemodus.

Ich strich mit dem Finger über seine perfekte Nase, seine Stirn, dann durch seine schwarzen Locken und schließlich wieder hinab zu seinen Lippen, die weich und warm waren.

Er atmete langsam, ruhig, tief. Ich legte mein Ohr an seine Brust. Und ja – auch an den Herzschlag hatte man gedacht: weich, dunkel, regelmäßig.

Ich gehöre zu denen, die nach außen hin cool und locker wirken, witzig und dickfellig, sich beim Flirten aber ungeschickt anstellen. Mein schauspielerisches Talent brachte mir sehr viele Freunde und Bekannte ein, aber sobald mir einer auf erotische Weise gefiel, wurde ich glupschäugig und stumm. Irgendwie traute ich mich dann einfach nicht.

Wäre dieser Typ hier ein Mensch gewesen, wäre genau das passiert. Hätte ich nicht gewusst, dass er ein Roboter war, wäre ich sofort panisch und fahrig geworden und innerhalb von einer Minute aus dem Zimmer verschwunden. So aber entspannte ich mich. Er war eine Maschine, sonst nichts. Mein

Kopf lag immer noch auf seiner Brust, das Ohr an seinem künstlichen Herzen, und ich atmete seinen Geruch ein. Wie hatten sie das nur gemacht? Er roch warm, würzig … männlich. Eine herrliche Mischung aus Schlaf, Deo und Haut. Es war unfassbar, was für Gerüche sich heutzutage schon synthetisch herstellen ließen …!

Ich hob den Kopf. Sah auf ihn herunter, auf sein schönes Gesicht, den fein geschnittenen Mund, den Hals. Der obere Knopf seines Hemdes war geöffnet. Ob er überall so sorgsam gestaltet war wie im Gesicht?

Kurzerhand knöpfte ich sein Hemd auf. Ich ging behutsam vor, knöpfte mich langsam abwärts. Ich wusste nicht, was ihn aus dem Ruhemodus holen könnte: eine abrupte Bewegung oder ein lautes Geräusch? Ich wusste auch nicht, was er dann tun würde: einen Alarm auslösen? So beschloss ich, möglichst sanft und leise zu sein. Schließlich hatte ich hier die einmalige Gelegenheit, den legendären Prototypen von Nahem zu sehen.

Ich war beim letzten Knopf angekommen und klappte das Hemd auf. Vor Ehrfurcht hielt ich die Luft an: Sein Oberkörper war genauso attraktiv gestaltet wie sein Gesicht: Er hatte einen wunderschönen Brustkorb. Seine Schultern waren kräftig, der Bauch flach und jetzt, wo ich ihn betrachtete, spürte ich, wie mir warm wurde. Er sah einfach … heiß aus!

Wieso, dachte ich, machten sie sich die Mühe, ihn so heiß zu gestalten? Es war nur logisch, dass man ihn anfassen wollte, mit den Fingern durch das weiche Brusthaar gleiten, die Lippen am Hals ansetzen und abwärtsfahren, bis zu seinem Bauchnabel und tiefer … Da war die Hose.

Verdammt, ich wollte sehen, wie er unter der Hose aussah!

War er vielleicht nur ein Ken? Glatt und weiß zwischen den Beinen? Ein Neutrum? Oder – hm … nein, das konnte nicht sein. In seiner Hose war eindeutig eine Wölbung. Eine recht imposante Wölbung sogar. Also – dann hatten sie ihm vielleicht einen Hügel aus dem Material geformt, aus dem er gemacht war, der von außen nachbildete, was es eigentlich gar nicht gab? Ich musste es sehen!

Noch ehe ich zu Ende gedacht hatte, hatte ich bereits seinen Gürtel geöffnet und dann die Hosenknöpfe. Ich zog ihm behutsam die Hose herunter. Und die Boxershorts.

Er hatte einen … Penis.

Sein Schwanz war prachtvoll. Ich hatte nicht erwartet, dass er stehen würde, ich hatte ja wie gesagt nicht mal erwartet, dass man ihm einen gebaut hatte, aber da war er. Wunderschön wie der ganze Typ. Und er stand.

Neugierig ließ ich die Finger über den Schaft trippeln. Er war nicht kalt, wie ich befürchtet hatte. Nein, warme Haut, seidenweich, die Ader an der Oberseite pochte. Unglaublich.

Die Eier lagen prall in ihrem Hodensack und die Haut dort fühlte sich weich und zart an, als ich die Fingerspitzen darumlegte und die beiden Kugeln streichelte. Ich trippelte den Schaft entlang wieder nach oben. Die Eichel war gerötet, saftig, glänzend – eine Rundung, die ich mit dem Zeigefinger sanft erkundete und kurz erschrak, als ein Tropfen an der Spitze hervortrat. Ich konnte es nicht fassen. Sie hatten es sogar geschafft, dass er Lusttropfen bildete?

Unwillkürlich beugte ich mich nach vorn und umschloss die Eichel mit den Lippen, saugte sie langsam ein, bedacht darauf, keine hastigen Bewegungen zu machen, um ihn nicht aus dem Ruhemodus zu reißen und womöglich einen Alarm zu verursachen. Aber ich musste ihn schmecken. Ich wollte wissen, ob man Gummi schmeckte oder woraus auch immer er bestand.

Er schmeckte nach … Lust. Nach Haut, Männlichkeit und ja: Lust. Ich spielte mit der Zunge an seiner Eichel, glitt um sie herum, erkundete sie neugierig, umschloss sie dann fester mit den Lippen und saugte sie tiefer ein, fuhr mit den Lippen am Schaft entlang hoch und runter. Wenn das überhaupt möglich war, war er noch härter geworden, noch heißer, noch pochender. Ich konnte nicht anders: Ich saugte an ihm, als wäre er echt. Nahm seine Eier in die Hand und massierte sie. Legte die andere um seinen Schaft und bewegte sie in sanften halben Drehbewegungen hoch und runter. Folgte mit dem Mund. Leckte.

Sein Atem ging schneller, ich spürte es. Hatte ich einen Fehler gemacht? War er dabei, in den Wachmodus zu gleiten? Schrillte gleich irgendeine Sirene in ihm los?

Egal. Ich ging das Risiko ein, denn ich war erregt. Es war unglaublich, aber dieses … dieses … Ding machte mich an. Ich lauschte seinem schneller werdenden Atem, dem leisen Gemurmel, spürte, wie er sich unter mir zu regen begann, aber ich hörte nicht auf. Ich konnte einfach nicht, es war zu köstlich. Hoch und runter, ging ich mit Hand und Mund. Weich und feucht kreiste meine Zunge. Salzig schmeckte ich die Tröpfchen, die sich mehr und mehr mit meinem Speichel mischten, der alles flutschig machte, rutschig und glatt.

Er bewegte sich heftiger, stöhnte jetzt, und ich saugte fester, sog die Luft ein, wurde gleichzeitig schneller, zog sanft an seinen Eiern, stöhnte ebenfalls, und da … da passierte es! Er bäumte sich auf und kam.

Er kam in meinem Mund, zuckend, salzig, heiß. Ich schluckte voller Dankbarkeit, Verwunderung und Ehrfurcht über das Wunder der Wissenschaft.

Wie hatten sie das erschaffen können: etwas so Perfektes, Schönes und zugleich Lustvolles? Und warum gehörte er Amanda? Das war so unfair! Ich könnte mir niemals so ein Ding leisten … niemals!

Er bewegte sich jetzt stärker, murmelte, seine Augenlider flatterten. Es war klar, dass er gleich in den Wachmodus springen würde! Rasch glitt ich vom Bett, griff nach meinen Schuhen und schlich so schnell ich konnte zur Tür. Ich öffnete sie möglichst lautlos und schloss sie hinter mir.

Draußen atmete ich durch, schlüpfte in die Schuhe. Dann ging ich den Gang entlang und fand das Badezimmer wieder, in dem ich verschwand.

***

Ich blieb eine kleine Ewigkeit da drin, klatschte mir immer wieder kaltes Wasser ins Gesicht, bürstete mein Haar mit Amandas Bürste, aber als ich in den Spiegel sah, war ich immer noch fiebrig rot und die Geilheit schien aus meinen Augen herauszuleuchten.

Himmel, was war das? Hatte ich wirklich einen wildfremden Mann bis zum Orgasmus gelutscht? Ich, Kathleen, die sonst immer so zurückhaltend war?

Aber nein, korrigierte ich mich, es war kein Mann! Es war ein Roboter. Und das Einzige, was ich getan hatte, war, meine Neugier zu befriedigen! Ich hatte einfach nur herausfinden wollen, wozu die Wissenschaft schon fähig war. Das war alles!

Jemand drückte von außen die Klinke herunter. Gott sei Dank hatte ich abgesperrt.

»Besetzt«, rief ich.

»Kathleen, bist du das?« Amandas Stimme.

»Ja, ich komme gleich.« Ich klatschte mir noch ein letztes Mal kaltes Wasser ins Gesicht, ließ auch welches über meinen Puls laufen, trocknete mich dann ab und öffnete die Tür.

»Da bist du ja, wo warst du denn bloß?«, fragte Amanda lachend. »Ich will dir meinen Bruder vorstellen: Jordan. Er ist heute angekommen, extra zu meinem Geburtstag. Er hat sich ein bisschen vom Flug ausgeruht. Jordan, das ist Kathleen.«

»Hi«, sagte der schöne schwarzhaarige Mann und grinste mich spitzbübisch an. »Ich glaube, wir beide kennen uns schon. Aber wir sollten die Bekanntschaft unbedingt vertiefen …«

»D… das ist doch nicht wahr«, sagte ich und spürte, wie ich bleich wurde. »Aber wo … wo ist …?«

»Kathleen, was ist denn los?« Amanda sah mich neugierig an.

»Wo ist der Prototyp?«, platzte ich völlig perplex heraus.

»Na, hier – ich trag ihn doch schon!« Amanda wies fröhlich auf ihre rubinrot geschminkten Lippen, die aussahen, als hätte jemand Goldstaub darübergerieselt. »Prototyp. Das ist der neueste Lippenstift von *Glossier.* Der heißeste Scheiß, Kathleen. Mein Bruder hat ihn mir geschenkt.« Dann hielt sie mir den kleinen Lippenstiftkarton hin, auf dem mit blutrot-goldenen Buchstaben geschrieben stand: *PROTOTYP – verrucht weiblich.*

Die schüchterne geile Assistentin

Ann-Kathrin stellte den silbernen Mercedes auf dem großen Parkplatz direkt vor dem sandsteinfarbenen Haupthaus ab.

Sylvie, ihre neue Assistentin, hatte Flug, Leihwagen und Hotel organisiert. Die Kleine machte sich gut, obwohl sie erst seit drei Wochen in der Firma war. Sylvie war sehr jung und sehr blond, eine kleine, zierliche Frau, die mit ihren braunen, stets irgendwie erschrocken schauenden Augen mädchenhaft und unschuldig wirkte. Dennoch musste Ann-Kathrin zugeben, dass sie klüger war, als sie es ihr auf den ersten Blick zugetraut hatte.

Vielleicht würde Sylvie eines Tages sogar Ann-Kathrins Posten erben. Aber bis dahin war es noch ein langer Weg.

Ann-Kathrin hatte fünfzehn Jahre gebraucht, um als Seniorpartnerin aufgenommen zu werden, und sie war sich ihrer Fähigkeiten wohl bewusst. Damit meinte sie ihre intellektuellen Fähigkeiten, nicht die Vorzüge ihres Körpers. Sie hatte nie mit einem ihrer Bosse geschlafen, um nach oben zu kommen. Es hatte zwar die ein oder andere Affäre gegeben, aber nicht, weil sie sich davon bessere berufliche Perspektiven versprochen hatte, sondern weil sie es wollte.

Ann-Kathrin war früher genauso schüchtern gewesen wie Sylvie, aber das hatte sich irgendwann gelegt. Sie wusste jetzt, dass sie als Frau nicht darauf warten sollte, von den Männern zu bekommen, was sie sich ersehnte, sondern dass sie es sich nehmen musste.

Kaum hatte sie die Wagentür hinter sich zugeschlagen, kam schon ein aufgeregter junger Mann auf sie zugerannt. Seine Stimme zitterte, als er rief: »Verzeihen Sie, meine Dame, aber hier können Sie das Fahrzeug nicht stehen lassen.«

Ann-Kathrin musterte das dürre Nervenbündel mit einem so scharfen Blick, dass er regelrecht schrumpfte, bevor sie sich dazu herabließ, zu antworten. »Hören Sie, junger Mann, ich bin froh, dass ich den Wagen ohne Kratzer, Schrammen, Blech- oder Personenschäden zum Stehen gebracht habe. Sie erwarten doch jetzt nicht von mir, dass ich umparke, oder?«

Bevor er antworten konnte, drückte sie ihm die Schlüssel in die Hand. »Das Gepäck ist im Kofferraum und im Augenblick wissen Sie besser als ich, welches Zimmer meines ist … Was ist?«

Sie setzte ihren stählernen Blick ein und es wirkte: Er duckte sich weg. Wortlos nahm er die Wagenschlüssel entgegen und setzte sich hinter das Steuer, um das Fahrzeug anderswo abzustellen.

»Er ist völlig eingeknickt«, flüsterte Sylvie voller Bewunderung für ihre Chefin, während sie über den hübschen Kiesweg an Rhododendronbüschen vorbei zum Haupteingang des Hotels gingen. »Und wie er Sie angeschaut hat. Haben Sie das gesehen? Männer scheinen wirklich verrückt nach starken Frauen zu sein …«, sagte sie verträumt.

»Frauen wie uns finden sie zugleich anziehend und beängstigend«, sagte Ann-Kathrin. »Anziehend, weil wir wissen, was wir wollen, und beängstigend, weil sie Schiss haben, dass wir ihnen die Eier klauen, oder irgendwas in der Art.«

Frauen wie uns … das klang offenbar so eindrucksvoll in Sylvies Ohren, dass sie verstummt war und ihre Chefin nur noch mit Blicken anhimmelte.

Kommentarlos setzte Ann-Kathrin die schwarze Pilotensonnenbrille auf ihre perfekte Nase und stolzierte mit ihren endlos langen Beinen, die sie in blauen High Heels hervorragend in Szene gesetzt hatte, die Marmortreppe hinauf zum Haupteingang. Sylvie schlich, schüchtern und bewundernd zugleich, hinter ihr her.

Der Portier riss die Tür vor ihnen auf.

Die Lobby versuchte, mit Pracht zu überwältigen. Sie glänzte mit einem hellen Marmorboden, die Rezeption war aus gediegenem Holz mit goldenen Verzierungen und die großen Panoramafenster ließen das Sonnenlicht in diesen gigantischen Raum hereinfluten, sodass man den Eindruck hatte, gar nicht innen, sondern immer noch unter freiem Himmel zu sein. In der Mitte plätscherte ein Springbrunnen, dessen Brüstung ebenfalls aus hellem, zartrosa geädertem Marmor bestand. Einige Hotelgäste saßen darauf oder auf den locker im Raum verteilten hellen, ledernen Schwingsesseln, tippten etwas in ihre Handys oder plauderten und schienen sich einfach nur zu entspannen. Riesige Palmen in noch riesigeren Kübeln verbreiteten das Gefühl, am Meer zu sein.

Sylvie lebte beim Anblick der Lobby sichtlich auf, ihre Augen glänzten wie bei einem Kind und sie wies staunend auf dieses und jenes. Ann-Kathrin hingegen rümpfte die Nase. Nachgemachte griechische Statuen, Nymphen mit perfekten Maßen, gefakter Klassizismus und zu allem Übel auch noch mehr nackte Frauen als Männer – nein, das war nicht ihr Stil, aber das hatte Sylvie bei der Wahl des Hotels natürlich nicht wissen können.

Immerhin war der Mann hinter dem Tresen ein Schmuckstück. Auch irgendwie klassisch, aber aus Fleisch und Blut. Einer der wenigen wirklich großen Italiener, mit stahlblauen Augen und pechschwarzem Haar. Er trug eine gut zu seinen Augen passende und perfekt sitzende dunkelblaue Weste mit goldenen Knöpfen. Sein Akzent war unüberhörbar und zugleich unerhört erotisch.

»Herzlich willkommen, Mrs. Benedict! Wir haben die Suite 3011 für Sie vorbereitet. Der Fahrstuhl ist gleich um die Ecke. Ihr Gepäck wird umgehend heraufgebracht. Sollten Sie ein wenig Entspannung suchen, finden Sie den Spa-Bereich ein Stockwerk tiefer. Es gibt eine finnische Sauna, eine Dampfsauna, einen Whirlpool und ein Schwimmbecken mit olympischen Bahnen.«

»Hm«, machte Ann-Kathrin nur, ohne vom Zettel aufzublicken, den sie gerade ausfüllte und unterschrieb, um ihre Ankunft zu quittieren.

»Miss Park.« Der junge Mann richtete seine stahlblauen Augen jetzt auf Sylvie. »Ihr Zimmer ist die 2009. Es ist nicht groß, aber ich bin sicher, es wird Ihnen gefallen. Wenn Sie etwas brauchen, stehe ich Ihnen zur Verfügung.« Dabei warf er Sylvie einen Blick zu, der sie (natürlich, wie konnte es auch anders sein) erröten ließ, wie Ann-Kathrin aus dem Augenwinkel bemerkte.

***

Suite 3011 bestand aus drei Zimmern.

Sylvie öffnete ihr die Tür und kam mit hinein, um weitere Instruktionen für den Tag entgegenzunehmen. Ein breiter Flur führte ins Wohnzimmer, in dem auf einem edlen grauen

Hochflorteppich eine ausladende weiße Ledercouch stand, davor ein flacher Glastisch mit einer Vase voll cremefarbener Lilien. An den Wänden hingen immerhin echte Gemälde, keine Reproduktionen.

Gleich nebenan befand sich das Schlafzimmer, das in Türkis und Gold gehalten war und an ein Arbeitszimmer mit Echtholzregalen und einem prachtvollen Mahagonischreibtisch grenzte. Alle Räume waren – wie das gesamte Hotel – lichtdurchflutet.

Sylvie staunte und war offenbar tief beeindruckt. Ann-Kathrin warf ihre Handtasche auf die weiße Ledercouch und nahm alles hin, als wäre es nicht anders denkbar.

Auf die morgige Präsentation war sie eigentlich gut vorbereitet, aber da sie Perfektionistin war, sagte sie: »Sylvie, ich will die Präsentation nachher noch einmal in Ruhe mit Ihnen durchgehen. Bitte klären Sie vorher alles mit dem Hotel ab, damit wir morgen keine Überraschungen erleben. Die Bestuhlung im Plenarsaal, die Verkabelung der Elektronik und die Kompatibilität mit den Medien, die wir mitgebracht haben. Ich verlasse mich da auf Sie.«

»Natürlich, Mrs. Benedict!«

»Ich werde vorher aber noch ein wenig schwimmen gehen.«

Sylvie wusste, dass ihre Chefin täglich eine Distanz von eintausend Metern auf Zeit schwamm, um in Form zu bleiben, und anschließend mehrere Bahnen zur Entspannung zurücklegte. Möglicherweise würde sie danach die Sauna aufsuchen, was ein Zeitfenster von etwa einer bis zwei Stunden offen ließ, alles noch einmal zu überprüfen und den reibungslosen Ablauf des morgigen Tages sicherzustellen.

»Hier ist der Schlüssel. Nachdem Sie mein Gepäck in die Schränke gepackt und mir die Unterlagen im Arbeitszimmer zurechtgelegt haben, geben Sie ihn an der Rezeption ab, damit ich ihn später dort wieder entgegennehmen kann.«

Mit diesen Worten verschwand sie im Schlafzimmer, öffnete einen Koffer, wühlte den Badeanzug heraus und ließ den Koffer dann offen für Sylvie stehen, die alles verräumen sollte. Dann verließ sie die Suite und fuhr mit dem Fahrstuhl in den Spa-Bereich.

***

Als sie aus der Umkleide trat und die Glastür zum Spa-Bereich öffnete, planschten einige Gäste im Pool, ein paar wenige Bademäntel hingen an den Haken vor der Tür zur Sauna.

Ann-Kathrin schwamm die ersten Bahnen, aber irgendwie war sie nicht so fit wie sonst. Lag es am Stress der letzten Tage? Vielleicht hatte sie sich wirklich etwas zu viel zugemutet … Sie waren viel gereist: erst nach Madrid, dann wieder zurück nach New York, dann Oslo, jetzt Florenz. Und das alles in zwei Wochen. Eine Präsentation nach der nächsten, dann die Treffen mit verschiedenen Managern, die obligatorischen Essen. Und immer musste sie strahlen, gut aussehen, eloquent und witzig sein, immer eine perfekte Show abliefern … All das kostete Kraft.

Schon nach hundert Metern fühlte sie sich matt und ausgelaugt. Sie konnte es sich nicht leisten, krank zu werden, nicht jetzt. Es war die letzte Präsentation für dieses Halbjahr. Die Firma zählte auf sie. Sie brauchte ihre Energie, wenigstens noch für den morgigen Tag.

Vielleicht wäre es eine gute Idee, sich in die wohltuende Wärme der Sauna zu legen und einfach zu entspannen? Sich bei neunzig Grad im Holzkämmerchen der finnischen Sauna backen zu lassen, war zu viel, aber das orientalische Dampfbad mit der feuchten Wärme, die nicht nur den Lungen, sondern auch ihrer Haut guttäte, war sicher keine schlechte Idee.

Sie schwamm noch zwei Bahnen und als sie dann aus dem Becken stieg, schienen die anderen Gäste gegangen zu sein. Offenbar war sie jetzt allein im Spa-Bereich.

Ann-Kathrin öffnete die Tür der Dampfsauna und steckte den Kopf hinein. Nebel. Sie konnte nur eine Armeslänge weit sehen, aber es schien auch hier alles verlassen zu sein. Gut. Schnell schlüpfte sie aus ihrer Badekleidung, warf sie draußen auf eine der Liegen, betrat dann die Dampfsauna und schloss die Tür hinter sich.

Langsam und blind ging sie durch den dichten, warmen Nebel. Sie tastete nach der Steinbank und legte sich dann auf die warmen Steinfliesen. Auf dem Rücken liegend, starrte sie in den Dampf und in die kleinen Halogenlämpchen, die man wie Sterne in die Decke eingelassen hatte. Sie glühten vernebelt und verbreiteten die Atmosphäre einer tropischen Nacht. Aus versteckten Lautsprechern erklangen leise Regenwaldgeräusche und Vogelstimmen. Sie spürte, wie die warmen Schwaden ihre Lunge erreichten und ihre Haut benetzten, wie ihre Poren sich öffneten, sie zu schwitzen begann und sich langsam entspannte.

Sie schloss die Augen. Atmete. Lauschte auf das Zwitschern, Gluckern und Tropfen aus den Lautsprechern, die Klänge der Tropen. Versuchte, in eine meditative Stille zu verfallen. *Kraft*, dachte sie. *Ich brauche nur noch Kraft für morgen. Die letzte Präsentation für dieses Halbjahr …*

Die schwere, feucht-warme Luft, die Geräusche des Regenwaldes und das gedimmte Licht, das langsam wechselnd die Farben des Regenbogens durchlief, entspannten sie tatsächlich. Sie atmete tiefer und tiefer. Herrlicher Zitrusduft erfüllte den kleinen, dunklen, tropfenden Raum. Dennoch fehlte noch etwas zur totalen Entspannung.

Ann-Kathrin begann, ihren Bauch zu streicheln. Ihre Disziplin hatte dafür gesorgt, dass sie neben einer beruflichen Spitzenposition und einem stattlichen Vermögen auch über einen traumhaften Körper verfügte. Sie war stolz auf sich, wann immer sie in den Spiegel schaute, und tastete jetzt sanft über die zarten Muskeln an ihrem Oberbauch.

Sie wusste um ihre Stärke und ihren Willen. Über Jahre hatte sie sich dazu angetrieben, die beste Version von sich selbst zu werden. Ihr Eifer war belohnt worden: Mit knapp vierzig Jahren stand ihr Körper mancher Endzwanzigerin in nichts nach!

Die kleinen Kreise, die ihre Fingerspitzen über die nasswarme Haut ihres Bauches zogen, wurden allmählich größer. Sie strich sanft über den Bauchnabel hinunter bis zu ihrem glatten, weichen Venushügel. Wie schön sich das anfühlte, wie zart. Wie jung.

Sie achtete penibel auf alle Details ihrer Erscheinung und duldete abgesehen von ihrem Kopf kein Haar an ihrem Körper. Sie schätzte die Vorzüge des brasilianischen Waxings. Es war zwar eine schmerzhafte Prozedur, aber wie hieß es so wahr: Wer schön sein will, muss leiden. Die Haut war viel glatter nach dem Waxing als nach einer normalen Rasur und der Effekt hielt viel länger an.

Ann-Kathrin spürte, wie ihre Erregung wuchs. Mit der linken Hand strich sie über ihre Brüste. Die Brustwarzen richteten sich sofort auf, und als ihre andere Hand tiefer zwischen ihre Beine wanderte, spürte sie, dass nicht nur die Wassertröpfchen in der Luft dafür gesorgt hatten, dass sie ganz feucht war.

Langsam strich sie mit Mittelfinger und Ringfinger über die Perle. Mit den Fingern der linken Hand presste sie ihre Knospen zusammen – so fest, dass es nur ein kleiner Schritt zur Grenze zum Schmerz war –, während sie die Finger der rechten Hand ihre feuchte Öffnung erkunden ließ.

Die Vorstellung, dass jederzeit jemand die beschlagene Glastüre aufstoßen und eintreten könnte, brachte sie noch zusätzlich in Fahrt. Und so achtete sie nun kein bisschen mehr auf das, was um sie herum geschah. Sie zog die nassen Finger wieder heraus und umspielte ihre Klit, die heiß und fest war und danach bettelte, endlich verwöhnt zu werden.

Ann-Kathrin war von der Natur reich beschenkt worden. Ihre Brüste waren so groß, dass sie manchmal Rückenschmerzen verursachten. Aber wie alles hatte auch das eine gute Seite: Neben der Tatsache, dass ihr Ausschnitt auf Männer wie eine Art Magnet wirkte, konnte sie, wenn sie ihre Brüste anhob, ihre Nippel mit dem Mund erreichen. In einem Porno hätte sie damit mächtig Furore gemacht, das wusste sie. Sie sparte sich ihre Fähigkeit aber für ihren kleinen Privatporno auf, hob den Kopf, schob die Brüste hoch und begann, an sich zu lecken und saugen. Das fühlte sich unanständig und sehr geil an, aber es war leider auch anstrengend, und so ließ sie den Kopf wieder sanft auf das Handtuch sinken, das als Einziges zwischen ihrem Körper und dem blanken Stein unter ihr lag, während sie beide Hände zwischen ihre Beine schob.

Mit der linken spreizte sie die Schamlippen, mit den Fingern der rechten strich sie sanft und schnell über ihre nasse Klitoris – mit wechselndem Druck, immer auf und ab, bis sie sich nicht mehr zurückhalten konnte und ein leises Stöhnen von sich gab.

Sie hatte die letzten zwei Wochen so hart gearbeitet und gleich würde sie ihre Belohnung empfangen, gleich würde sie einen heftigen Orgasmus haben, der ihren ganzen Körper erfasste.

Ihre Gedanken sprangen in unklaren Fetzen hin und her. Kurz sah sie das Gesicht des attraktiven Rezeptionisten vor sich und stellte es sich dann zwischen ihren Schenkeln vor, stellte sich vor, wie er fleißig ihren kurzen Anweisungen folgte, die Lippen exakt dort, wo ihre Finger jetzt drückten und rieben. Dann wieder hatte sie einen eigenartigen Ausreißergedanken:

wie Sylvie sanft an ihren großen Brüsten saugte und dabei ihren Finger in sie hineinsteckte, den Daumen direkt auf ihrer Klit. Wie sie mit ihren zarten Fingern genau im richtigen Rhythmus drückte. Diese Mischung – der hübsche Rezeptionist und die sanft an ihr saugende und massierende schüchterne Sylvie – törnte sie aus irgendeinem Grund extrem an.

Ihre Spalte war so nass, dass es schmatzte, als sie Zeige-, Mittel und Ringfinger tief in ihre Öffnung schob. Als sie dann zeitgleich mit dem Daumen ihren Kitzler stimulierte, konnte sie sich nicht mehr zurückhalten.

Sie spürte, wie ihr Unterleib zuckte und krampfte, während sie so heftig kam wie schon lange nicht mehr. Sie japste und hechelte und als ihr Körper endlich wieder zur Ruhe kam, blinzelte sie vor Unglauben, als sie die große Pfütze auf der Steinbank unter sich erkannte. Für einen Moment dachte sie, sie hätte gepinkelt. Aber es war kein Urin. Offenbar hatte sie gesquirtet. Zum ersten Mal in ihrem Leben.

Wozu ihre kleine, blonde Assistentin doch so alles gut war, dachte sie. Jetzt hatte die Vorstellung, von dem schüchternen jungen Mädchen gesaugt und gefingert zu werden, ihr sogar ihren ersten weiblichen Erguss beschert! Wenn Sylvie das wüsste. Sie würde vor Scham im Boden versinken und dort drei Tage lang glühen.

Ann-Kathrin grinste in sich hinein, während sie noch einige Momente still dalag und die Lust in sich abklingen ließ.

Als sie sich nach der Dusche abtrocknete, bebten ihre Beine noch immer ein wenig.

***

»Meinen Schlüssel bitte. Suite 3011.«

Der attraktive italienische Rezeptionist war leider nicht mehr da. Stattdessen saß eine kleine dicke Frau an seinem Platz, etwas älter als Ann-Kathrin.

»Ihr Schlüssel ist leider nicht hier, Mrs. Benedict.«

Wie? Sylvie hatte den Schlüssel nicht hinterlegt? Obwohl sie es ausdrücklich verlangt hatte? Sie hatte es vergessen?!

»Oh, dann hat meine Assistentin offenbar geschlafen und den Schlüssel in meiner Suite liegen lassen«, sagte Sylvie ärgerlich.

»Nehmen Sie diesen als Ersatz.« Die kleine dicke Frau drückte ihr einen zweiten Schlüssel in die Hand. »Bringen Sie ihn später einfach wieder runter.«

Den nackten, entspannten Körper in einen flauschigen Hotelbademantel gehüllt und mit einem um die nassen Haare gewundenen Handtuch, nahm Ann-Kathrin den Fahrstuhl in den dritten Stock.

Es war noch nicht zu spät für ein Abendessen. Sie würde Sylvie erst mal wegen des Schlüssels zusammenstauchen. Und dann würde sie von ihr verlangen, sie zum Abendessen zu begleiten. Das junge Ding musste noch eine Menge lernen. Nicht nur, ihren Anweisungen zu folgen, sondern auch, etwas lockerer zu werden und zugleich etwas härter, damit sie sich in dieser harten Branche behaupten konnte. Wenn sie weiter so schüchtern und erschütterbar bliebe und nicht bald lernte, konsequenter zu sein und sich durchzusetzen, musste sie Sylvie davon abraten, hier weiterzumachen. Vielleicht wäre eine Karriere in der Serviceindustrie eher etwas für sie, dachte sie sich auf dem Weg zu ihrer Suite. Kellnerin vielleicht, Fußpflegerin oder Masseurin. Der Gedanke, sich von Sylvie Getränke reichen zu lassen, ihr die Füße zum Eincremen hinzuhalten oder von ihr den Nacken massiert zu bekommen, war gar nicht so übel …

***

Als Ann-Kathrin vor der Tür zu ihrer Suite stand, nahm sie eine seltsame Schwingung in der Luft wahr. Bildete sie sich das ein? Waren das noch Nachwehen von dem heftigen Orgasmus, den sie eben gehabt hatte? Hm, eigenartig …!

Irgendetwas stimmte nicht. Definitiv. Was sie zusätzlich irritierte, war der Duft, den sie plötzlich in der Nase hatte. Ein Parfum, das sie erst vor Kurzem gerochen hatte, aber wo?

Neben ihrem wachen Verstand war es ihre ungewöhnliche Aufmerksamkeit für kleine Details, die anderen Menschen schlicht entgingen, die ihr dabei geholfen hatte, im Leben so weit nach vorn zu kommen.

Auch jetzt verließ sie sich auf ihr Gespür, das man vielleicht auch als siebten Sinn bezeichnen konnte, und öffnete die Tür zu ihrer Suite sehr leise. Noch leiser betrat sie den Flur und schlich auf Zehenspitzen weiter.

Dann hörte sie es: die Geräusche zweier Körper, die knutschend und stöhnend übereinander herfielen. Sie schlich weiter in Richtung Wohnzimmer und blieb an die Wand gelehnt stehen, sodass sie nur mit dem Kopf um die Ecke schauen und das unerwartete Schauspiel genießen konnte.

Ha, jetzt wusste sie auch wieder, woher sie den aufregenden Duft kannte! Der Mann an der Rezeption hatte danach gerochen, jener schnuckelige junge Italiener, auf dessen Schoß Sylvie jetzt saß! Seine Hände tasteten über ihre Schenkel und sein Mund verschmolz mit ihrem. Sie wirkte überhaupt nicht mehr schüchtern, sondern schien ihn regelrecht auffressen zu wollen.

Unglaublich! Das hätte sie nie von ihrer Assistentin erwartet! Und was dem Ganzen die Krone aufsetzte, war, dass es in ihrer Suite geschah!

Sylvie, dieses sonst so zurückhaltende Unschuldslamm, saß also auf den Schenkeln dieses Schmuckstücks und schob gerade ihre Zunge zwischen seine Lippen.

Ann-Kathrin machte keinen Laut. Sie sah zu.

Die beiden konnten noch nicht lang dabei sein: Sie waren noch angezogen und streichelten einander, während sie immer heftigere Zungenküsse austauschten.

Sylvies Hände wanderten über Brust und Rücken des jungen Mannes, die immer noch im weißen Hemd und der schmucken blauen Weste mit den goldenen Knöpfen steckten. Seine rechte Hand lag auf ihrem Po und die linke öffnete geschickt wie die eines Zauberkünstlers die Knöpfe von Sylvies Bluse. Sie bewunderte seine Geübtheit in dieser Disziplin, aber was sie noch viel mehr verblüffte, war die blutrote Spitze, die jetzt unter Sylvies züchtiger weißer Bluse zum Vorschein kam!

Es war kaum zu fassen: Ihre stets und ständig errötende Assistentin, die schon zu stottern begann, wenn Ann-Kathrin auch nur eine erotische Andeutung machte, trug sündige Reizwäsche!

Nachdem er die weiße Bluse bis zum Rock hinab aufgeknöpft hatte, schob er seine Hand langsam und zärtlich auf die rote Spitze, die Sylvies Brüste umschmiegte, und umfasste diese auf eine Weise, dass Sylvie kurz aufseufzte. Während er leidenschaftlich ihren Hals küsste, streifte Sylvie sich die Bluse von den Schultern. Ebenso flink wie geschickt ließ der junge Mann seine rechte Hand Sylvies Rücken hinaufgleiten, wo er mit einer raschen Bewegung den scharfen Spitzen-BH öffnete.

Sylvies kleine Brüste lagen nun frei und sahen interessanterweise exakt so aus, wie Ann-Kathrin sie sich vorgestellt hatte. Cremefarben mit rosigen Spitzen. Der Vorhof war ebenfalls rosig, nicht braun. Wirklich entzückend. So frisch, so fest und so mädchenhaft. Geradezu zum Reinbeißen!

Der junge Italiener war augenscheinlich ebenso begeistert, denn er liebkoste die zarten Rundungen nicht nur mit der Hand, sondern näherte seine Lippen den rosigen Knospen. Er stülpte sie darum und Ann-Kathrin gab bei der Vorstellung, wie sich seine Zunge wohl anfühlen mochte, ein ganz leises und sehr genießerisches »Mmmh« von sich.

Er begann jetzt, die Knospen zu küssen, daran zu saugen und zu knabbern. Der Junge war offenbar äußerst geschickt mit Zähnen, Zunge und Lippen, denn Sylvies lustvolles Stöhnen füllte jetzt den Raum.

Ann-Kathrin war mittlerweile so erregt vom Zuschauen, dass ihre Hand sich von ganz allein zwischen ihre Beine stahl. Sie war nass. Oh ja. Sehr nass. Sie hätte die beiden unterbrechen, das Schauspiel einfach auflösen können, aber wozu? Sie hatte einen mörderischen Spaß daran, den beiden ahnungslosen kleinen Karnickeln zuzusehen.

Ihre Assistentin befreite mittlerweile ihren gut gebauten Spielgefährten von seiner hübschen Weste mit den Goldknöpfen und dann vom blütenweißen Hemd.

Zum Vorschein kam eine derart makellose Brust, dass Ann-Kathrin fast der Schlag traf. Solche Kerle waren normalerweise schwul! Der hier nicht. *Gott sei Dank*, dachte sie.

Er murmelte etwas auf Italienisch, dann erhob er sich. Er war so stark, dass er die zierliche Sylvie, die einen kleinen überraschten Schrei ausstieß, gleich mit in die Höhe nahm. Ihre Schenkel wanden sich dabei um seine Hüften, was Ann-Kathrin sehr gefiel, aber er ließ sie sogleich an sich herabgleiten, damit er den Reißverschluss ihres schwarzen Rocks öffnen konnte, der daraufhin zu Boden fiel. Sie küssten sich ewig und sehr intensiv im Stehen, während er Sylvies blutroten Spitzen-Tanga abstreifte und sie seinen Gürtel öffnete, sodass die Hose ebenso zu Boden fiel.

Ein harter Schwanz drückte sich gegen seine engen Shorts und Ann-Kathrin konnte es kaum erwarten, ihn zu sehen. Sylvie ließ von seinen Lippen ab und rutschte an seinem muskulösen Körper entlang nach unten. Sie streifte Hose, Schuhe und Socken ab, ließ ihm aber die Shorts und tastete – ohne ihn vorschnell gänzlich auszuziehen – mit sanften Händen durch den dünnen Stoff hindurch die pralle Wölbung ab.

»Nun zieh ihm endlich das Ding aus!«, hätte Ann-Kathrin am liebsten ungeduldig gerufen, da schob Sylvie endlich die Shorts nach unten und befreite seinen Schwanz, der ihr wie eine Lanze entgegenschnellte.

Oh Mann, dachte Ann-Kathrin und spürte, wie ihr das Wasser im Mund zusammenlief. *Oh Mann!* Sie lehnte sich an die Wand, machte kurz die Augen zu und versuchte, sich zu beruhigen.

Als sie die Augen wieder öffnete, hatte Sylvie seinen Schwanz in der linken Hand. Ihre rechte lag um seine Eier und massierte seine Hoden, während sich ihre roten Lippen der dicken rosigen Eichel näherten und sich dann sanft und langsam ganz darum schlossen.

Er schien völlig überwältigt, machte die Augen zu, stöhnte wieder etwas auf Italienisch und ließ seinen Kopf in den Nacken fallen.

Was sanft begonnen hatte, steigerte sich nach und nach zu Ekstase. Gierig schmatzend lutschte Sylvie seinen Schwanz, ließ den Sabber dabei laufen, was Ann-Kathrin total verblüffte. Sie hatte eine verhuschte Liebhaberin in Sylvie vermutet, nicht eine so hemmungslose Femme fatale! Während sie sabbernd schmatzte und den Schwanz sichtlich genoss, kraulten Sylvies Hände seinen prallen Hodensack. Sie leckte und lutschte so hingebungsvoll, dass der junge Kerl kaum mehr an sich halten konnte, hörte aber genau in dem Augenblick auf, als er offensichtlich kurz davor war, zu kommen.

»Nicht so!«, sagte sie in einem bestimmenden Tonfall, den Ann-Kathrin nicht an ihr vermutet hatte. »Ich will, dass du mich vögelst!«

Automatisch fühlte Ann-Kathrin fast so etwas wie Stolz auf ihre kleine Assistentin. Sie hatte Mumm! Zwar sah sie diesen hübschen Kerl mit großen Rehaugen von unten vor ihm kniend an, was fast devot wirkte, aber ihr Tonfall war unmissverständlich: Sylvie hatte das Heft in der Hand!

Jetzt stand sie auf, lehnte sich mit dem Rücken zu ihm auf das weiße Sofa, drehte den Kopf und wiederholte ihre Forderung, während sie mit der linken Hand ihre Pobacken auseinanderspreizte, sodass der Kerl einen guten Blick auf ihre tropfende Pflaume hatte. »Jetzt mach schon!«, sagte sie herausfordernd, wobei ihr sonst so scheuer Blick loderte.

Er war sichtlich beeindruckt von so viel Leidenschaft und Bestimmtheit, legte sanft die Hand auf ihren Rücken, nahm mit der anderen seinen Schwanz und dirigierte ihn in die nasse Spalte, die sich vor ihm auftat. Behutsam drang er ein. Zuerst mit der dicken, rosafarbenen Eichel, die ihre Schamlippen dehnte, dann langsam bis zum Ende seines Schafts.

Ann-Kathrin konnte nicht umhin, seine Feinfühligkeit zu bewundern – er ließ sich nicht von seiner eigenen Leidenschaft wegfegen, sondern achtete beim Eindringen auf Sylvie, passte sich ihren Bewegungen an. Erst als sein Schwanz komplett in ihrer Pussy verschwunden war, begann er langsam und dann kräftiger zu stoßen. In einem konstanten Takt klatschten seine Eier gegen ihre offenkundig sehr nasse Pussy.

»Fick mich! Schneller! Schneller!«, rief Sylvie wie ein Mantra, während der Italiener schwer und tief atmete. Schweiß bedeckte seinen muskulösen Rücken und die Tropfen rannen hinab bis zu seinem perfekten Hintern.

Ann-Kathrin streichelte währenddessen ihre Klit auf eine ähnliche Weise wie eben in der Sauna.

»Ich komme gleich!«, rief der sexy Italiener mit seinem süßen Akzent und Ann-Kathrin war völlig vereinnahmt von dem unterschwelligen Schuldbewusstsein in seiner Stimme, das sich mit purer Geilheit mischte.

»Wie, jetzt schon?«, rief Sylvie hechelnd und keuchend, dann beugte sie sich nach vorn, sodass sein Schwanz aus ihr herausglitt, was er mit einem enttäuschten Stöhnen quittierte.

Sie kniete sich vor ihn, lehnte sich mit dem Rücken gegen das Sofa und griff sich seinen Schwanz. »Ich will sehen, wie es kommt!«, sagte sie, während sie unaufhörlich in einem schnellen, aber doch gefühlvollen Rhythmus weiterpumpte.

Der italienische Adonis warf abermals den Kopf zurück, seine Augen schlossen sich erneut und sein Gesicht verzog sich zu einer Grimasse. »Aaah …!« Er kam in kräftigen Stößen.

»Ja, genauso! Mehr!«, feuerte die kleine, scharfe Sylvie ihn an, doch nach dem fünften heftigen Stoß war Schluss.

Ann-Kathrin arbeitete mit einer Hand an sich und presste die andere auf den Mund, um sich nicht durch einen lustvollen Aufschrei zu verraten, als die lustvollen Krämpfe ihren Körper durchschüttelten.

»Du musst jetzt weg hier«, sagte Sylvie streng. »Zieh dich schnell an und dann raus mit dir. Ich hab keine Ahnung, wie lang meine Chefin noch beim Schwimmen ist. Also beeil dich!«

»Si, Signora!«, sagte der junge Italiener eingeschüchtert und befolgte umgehend Sylvies Befehl, indem er seine Sachen einsammelte und sich schnell wieder anzog.

Als er ging, warf er Sylvie nochmals einen sehnsüchtigen Blick zu, doch die streckte nur einen Finger aus und wiederholte: »Raus, sofort!«

Hm, ich muss meinen Eindruck revidieren, dachte Ann-Kathrin, die sich rasch ins Bad zurückgezogen hatte. Ihre junge Assistentin hatte Power. Vielleicht hatte sie doch das Zeug für den Job.

Sexunterricht - Lehrgang der weiblichen Lust

Jeannette, Manon, Louanne und Inès spazierten im Licht der Abendsonne an der Seine entlang in Richtung Catherines Wohnung. Es war Frühling, es roch nach Blüten und es war der dritte Freitag im Monat: ihr »Weiberabend«. Das Gespräch zwitscherte lustig zwischen ihnen hin und her.

Seit Jahren trafen sich die fünf Freundinnen an jedem dritten Freitagabend zum Kino oder Fondue, zum Quatschen, Tanzen oder Spielen. Manchmal gingen sie auch einfach nur in eine Brasserie, manchmal zu einer Weinprobe. Einmal hatten sie sich sogar einen Männerstrip in einem verruchten Nachtclub angeschaut.

Sie kannten sich alle noch aus Studentenzeiten und obwohl sie mittlerweile zwischen Mitte und Ende dreißig waren, hatte die Fünferfreundschaft gehalten. Jeder dritte Freitagabend gehörte ihnen – da hatte kein Partner reinzureden und die Kinder waren für einen Abend auch mal bei Papa oder den Großeltern versorgt.

»Kommt nächstes Mal alle zu mir«, hatte Catherine am Telefon gesagt. »Ich plane einen Spieleabend. Ich hab mir schon was Besonderes ausgedacht.«

Die vier erreichten den Altbau, klingelten bei Catherine und als der Summer ertönte, stiegen sie die Stufen hoch.

»Hoffentlich hat sie nicht ausgerechnet *Scharade* vorbereitet«, sagte Manon und kicherte. »Das konnte ich schon als Kind nicht.«

»Ach was, *Scharade* ist doch voll witzig«, erwiderte Jeannette.

»Ehrlich, ich bin eine Katastrophe«, beharrte Manon. »Meine schauspielerischen Qualitäten sind einfach nur grottenschlecht ...«

Sie waren in der vierten Etage angekommen und Inès klopfte an die Wohnungstür.

Schritte näherten sich und die Tür ging auf.

Manon klappte der Kiefer herunter. Vor ihnen stand zwar Catherine, aber in einer Aufmachung, die sie noch nie an ihr gesehen hatte. Ein kurzer Blick zu den anderen drei verriet ihr, dass die genauso baff waren.

Catherines schwarzes Haar, das sie sonst immer zu einem kecken Pferdeschwanz gebunden hatte, fiel ihr offen über die Schultern. Ihr Körper war in Leder gehüllt. Sie trug eine schwarze Korsage, die ihre grandiosen Brüste anhob, um die Manon sie immer beneidet hatte, einen minikurzen Lederrock und dazu Overkneestiefel mit einem Mörderabsatz. Kurz gesagt: Catherines Anblick war … spektakulär.

»Ähm … Catherine, hattest du nicht gesagt, wir würden einen Spie…«, begann Jeannette.

»Mein Gott, ihr seid schon wieder zu spät!«, würgte Catherine sie einfach ab. »Der Unterricht sollte längst angefangen haben.«

Der Unterricht? Hä?

Manon schaute zu Louanne, die neben ihr stand, aber genauso ratlos wie sie selbst aussah.

»Ihr werdet wohl eine Stunde nachsitzen müssen. Und wie seht ihr wieder aus? Zeigt mal eure Hände!«

Langsam formte sich eine Idee in Manons Kopf. Catherine hatte von einem Spieleabend gesprochen, aber was, wenn das alles hier bereits Teil des Spiels war? Catherine hatte wohl so etwas wie ein … Improvisationsschauspiel geplant. Oh Gott. Das war allerdings noch schlimmer als *Scharade*.

Augenscheinlich hatten die anderen dieselbe Eingebung gehabt, denn wie auf ein unsichtbares Signal hin streckten sie gleichzeitig die Hände aus. Keine lachte. Alle versuchten, mitzuspielen. Allerdings war sich Manon noch nicht im Klaren darüber, in welcher Art Stück sie sich befanden …

Catherine griff nach den Händen von Inès, Jeannette und Louanne. Manons Finger ließ sie unbeachtet. »Dachte ich's mir doch: schmutzig, die Nägel viel zu lang und auch noch lackiert!«

»Ähm … Catherine … sollen wir …?«

»Louanne, das heißt: Madame, sollen wir …? Madame, nicht Catherine! Und ja, ihr sollt! Ab ins Bad mit euch, Hände waschen und Nägelschneiden, so wie sich das für brave Schülerinnen gehört!«

Brave Schülerinnen?!

So langsam fügten die Informationshäppchen, die Catherine ihnen zuspielte, sich zu einem Bild. Das hier sollte offenbar eine Lehrerin-Schülerinnen-Situation sein!

»Ja, Madame«, riefen Inès, Jeannette und Louanne und drehten ab Richtung Bad.

Als Manon hinterher wollte, griff Catherine sie am Arm und zog sie dicht zu sich heran. »Ja, was haben wir denn hier?«

Sie hat was *gesagt*, registrierte Manon blitzschnell, *nicht* wen. Was hatte das zu bedeuten? Wie sollte sie reagieren? Hilfe! Sie hasste Schauspiel! Sie würde versagen. Doch sie tat intuitiv das Richtige: Da sie nicht zu reagieren wusste, sah sie einfach auf den Boden. Als wäre sie scheu.

Nach einem Moment Schweigen legte Catherine den Daumen unter ihr Kinn und hob Manons Gesicht hoch. »Du bist also das Unterrichtsmaterial!«

»Das … ähm … Unterrichtsmaterial?«

Catherine ließ ihr Kinn wieder los, dann tat sie etwas völlig Überraschendes: Sie fuhr mit den Daumen über Manons Brustwarzen.

»Catherine, ich …«

»Madame«, sagte Catherine. »Ich hab es doch eben schon erklärt: Für euch Schülerinnen bin ich einfach nur Madame.«

Dann zog sie Manon sanft so dicht an sich heran, dass ihre Gesichter sich fast berührten. »Wir wollen doch mal sehen, ob du wirklich so gutes Material bist, wie der Katalog für Unterrichtsmaterialien es versprochen hat.«

Es dauerte noch zwei, drei Sekunden, dann verstand Manon. »Ach, diese Art Unterrichtsmaterial meinen Sie, Madame?«, fragte sie spitzbübisch und strich sich selbst kurz über die Brüste.

»Schlaues Mädchen«, sagte Catherine nur und lächelte kurz zurück.

Manon mochte Catherine sehr. Sie hatten sich im Studium eine winzige Wohnung geteilt und Catherine war immer für sie da gewesen, hatte ihr Medizin besorgt, wenn sie krank gewesen war, hatte sie getröstet, als ihre Großmutter gestorben war, und für die Abschlussprüfungen hatten sie gemeinsam gelernt. Immer schon hatte sie Catherine bewundert, ihre gute Laune, ihre Schönheit und den Mut, mit dem sie diese superkurzen Röcke getragen hatte, wenn sie tanzen gegangen waren. Röcke, die ihren prachtvollen Arsch nur knapp bedeckten, dazu Stilettos, die ihre ewig langen Beine optisch noch mehr verlängerten. Und sie hatte bewundert, wie selbstverständlich sich Catherine durch das Meer an Männerblicken hindurchbewegt hatte, als wären diese gar nicht da oder als wäre es völlig normal und gar nicht anders denkbar, als dass irgendein Mann Catherine nicht hinterherhechelte.

Jetzt waren Manon und Catherine längst mit ihren Ehemännern verheiratet, aber ihre Freundschaft war – wie die zu den anderen – immer geblieben. Vielleicht waren sie beide von den fünfen jedoch am engsten miteinander verbunden. Manon vertraute Catherine jedenfalls voll ganz.

Im selben Moment kamen Inès, Jeannette und Louanne aus dem Bad zurück. Catherine ließ sich nacheinander ihre Hände zeigen und warf einen strengen Blick auf die Finger und Nägel. Mit den Worten: »Setzt euch dort auf die Stühle und wartet ein paar Minuten!« zog sie Manon mit sich fort, in Richtung ihres Schlafzimmers. Sie drehte sich noch einmal zu den dreien um und sagte: »Und wehe, ihr quatscht. Der Unterricht beginnt gleich!«

***

Im Schlafzimmer lehnte ein Zeigestock neben der Tür, den Catherine sofort ergriff. Neben dem Bett war eine Kamera aufgebaut. Noch war sie aus.

»Zieh dich aus«, sagte Catherine.

Manon stellte keine Fragen. Sie gehorchte einfach. Aber es war … seltsam.

Natürlich war es nicht so, dass Catherine sie noch nie nackt gesehen hätte. Damals in ihrer Studentenbude hatten sie sich oft nackt auf der wackligen Dachterrasse gesonnt, die sie eigentlich gar nicht betreten sollten. Sie waren nackt durch die Wohnung gelaufen und im Winter waren sie regelmäßig zusammen in der Sauna gewesen, um ihr Immunsystem zu stärken – aber das alles war fast fünfzehn Jahre her und das hier war irgendwie etwas … anderes.

Sie knöpfte langsam ihre Bluse auf und legte sie ab, dann hakte sie den Rock auf und ließ auch ihn zu Boden gleiten. Sie trug keine Strumpfhose und stand jetzt nur noch in ihrer hellblauen Spitzenunterwäsche und in den weißen Sandaletten da.

»Den Rest auch!«, sagte Catherine.

Manon schluckte und hakte den BH auf. Sie entließ ihre kleinen Brüste in die Freiheit. A-Körbchen. So klein und fest, dass sie eigentlich gar keinen BH gebraucht hätte. Der Vorteil bei kleinen Brüsten war, dass sie nicht hingen und mit Mitte dreißig noch genauso aussahen, wie sie mit Mitte zwanzig ausgesehen hatten. Ihre Brustspitzen waren aus irgendeinem Grund hocherregt und ragten nach vorn.

»Das hier auch«, sagte Catherine nur, ließ die Spitze des Zeigestocks über Manons nackten Bauch gleiten und schob den hellblauen String ein Stück nach unten.

Manon wunderte sich, wie leicht es ihr fiel, den klaren, kurzen Anweisungen zu folgen, als wäre das alles selbstverständlich und wie aufregend das war. Sie schob das Höschen nach unten. Kickte es mit dem Fuß weg. Dann schob sie die Sandaletten von den Füßen und stand splitternackt da.

Sie spürte Catherines Blick auf dem blonden Haarvlies zwischen ihren Beinen. Manon gehörte zu den Frauen, die nicht komplett auf alle Haare dort unten verzichten mochten. Sie rasierte sich sorgfältig, ließ aber immer einen kleinen goldenen Streifen stehen.

»Nimm den String vom Boden hoch«, sagte Catherine und Manon gehorchte.

»Steck ihn in den Mund!«

Bitte was?! Manon war wie eingefroren. Das konnte sie doch nicht wirklich von ihr verlangen!

Da stellte Catherine den Zeigestock ab, kam auf sie zu, nahm das Höschen, griff mit der anderen Hand um ihr Kinn, drehte den Kopf zu sich und sagte sanft: »Mund auf.«

Manon fühlte sich wie ein von der Schlange paralysiertes Kaninchen. Sie öffnete den Mund und Catherine schob das Höschen hinein. »Brav«, sagte sie. »Mach den Mund zu und lass ihn auch zu.«

Dann ging sie zu einer Kommode, zog eine Schublade auf und nahm einen Nylonstrumpf heraus. Sie ging zu Manon, band ihr den Strumpf um den Kopf und machte einen festen Knoten. Der Stoff spannte sich über den Mund und hielt den Höschenknebel in seiner Stellung.

»Das sieht gut aus. Du hast heute Abend keine Stimme, Manon. Du bist nichts als ein Körper. Unterrichtsmaterial.«

Catherine sah so streng aus – in ihrer ungewohnten Lederkluft und mit dem schwarzen Lidstrich statt eines weichen braunen wie sonst. Auch ihr Lippenstift war von einem viel dunkleren Rot als üblicherweise. Ihr offenes Haar wirkte wie ausgegossenes Pech. Sie sah wunderschön aus und ein bisschen wie Angelina Jolie als die dunkle Fee in *Maleficent*. Aber Manon war nicht eingeschüchtert. Catherine war Catherine, auch wenn sie heute wie ein Raubtier wirkte.

Als Nächstes zog Catherine eine Augenmaske aus der Schublade. Sie band sie Manon um und es wurde dunkel.

Blind wurde sie zum Bett geführt. Catherine gab ihr einen kleinen Stoß und Manon ließ sich fallen. Mit geübtem Griff hob Catherine ihre Hüften ein wenig an und schob ihr ein Polster unter den Hintern, sodass sich ihr nackter Unterleib emporreckte. Dann legte Catherine Schlaufen um Manons Handgelenke, die sie mit den Bettpfosten verband. Manon probierte aus, wie weit sie sich bewegen konnte und wie fest die Schlaufen waren, und stellte fest, dass sie nicht wegkam. Die Schlaufen saßen bombenfest.

So wie man Fell, Augen und Gebiss eines Tieres prüft, bevor man es kauft, fuhr Catherine mit der Hand einmal kurz prüfend über Manons Bauch und dann sachte über das Fellchen zwischen ihren Beinen. Dann legte sie, scheinbar befriedigt, Schlaufen um Manons Knöchel. »Heb die Beine«, sagte sie. »Höher. Nein, noch viel höher! Die Füße müssen in Höhe deines Kopfes sein.«

Manon hob ihre Beine so grotesk weit nach vorn, dass Catherine die Schlaufen an die oberen Streben der Kopfseite des Bettes knüpfen konnte. Manons Füße waren jetzt rechts und links neben ihrem Kopf befestigt. In dieser Stellung öffnete sich ihre Pussy bis zum Extrem. Kein Schutz. Jeder Blick konnte sich bis in ihr letztes Geheimnis versenken.

Doch bevor Unruhe oder gar Unwohlsein von ihr Besitz ergreifen konnten, sagte Catherine: »Schön« und legte die Hand genau auf ihre weit gespreizte Pussy. Sie streichelte sie dort ganz sanft und Manon spürte, wie ihr Saft zu fließen begann, einfach so. Ihr Körper hatte einen eigenen Willen und wollte offenbar Catherines Hand.

Direkt über ihrem Gesicht, irgendwo über den verbundenen Augen, spürte sie Catherines Atem, als diese sagte: »Ich werde dich allen vorführen! Und du wirst stillhalten. Sehr still.«

Dann fühlte Manon, wie etwas über ihr Gesicht gelegt wurde. Ein Stück Stoff, unter dem ihr Kopf verschwand. Nur ihr nackter, gespreizter Körper blieb sichtbar. Kurz darauf vernahm sie ein leises Klicken, dann ein Surren.

»Das ist die Kamera. Ab jetzt läuft sie«, sagte Catherine. »Wir werden heute ein schönes Unterrichtsvideo produzieren.« Dann verließ sie das Zimmer.

***

Nach einer Weile wurde Manons Bedürfnis, die Beine zu schließen, übermächtig. Diese Position war so entblößend, so beschämend! Doch die Fesselung ließ keine Regung zu.

Da ging die Tür auf und sie hörte die Stimmen der anderen, die Stimmen der »Schülerinnen«. Sie kamen zusammen mit Catherine herein.

»Ruhe im Klassenraum!«, zerschnitt Catherines Stimme das Schnattern und die Schülerinnen verstummten.

»Das hier«, sprach Catherine, »ist unser heutiges Unterrichtsmaterial.«

Bizarr gespreizt war Manons Körper den neugierigen Blicken ausgeliefert.

Manon spürte wieder die Spitze des Zeigestocks und wie sie über ihren nackten Körper glitt. Vom Hals entlang abwärts, zwischen ihren Brüsten hindurch, den Bauch hinab zum goldenen Haarstreifen. Dass sie nichts sehen konnte, schärfte ihre Sinne. Überall, wo die Spitze des Zeigestocks sie berührte, bekam sie Gänsehaut.

»Wir werden heute etwas über weibliche Lust lernen, kommt ruhig ein bisschen näher. Ihr sollt doch alles genau sehen.«

Manon bemerkte die Wärme der Körper um sie herum. Sie atmete schnell unter dem Tuch. Dann spürte sie eine Hand. Catherines Hand. Sie lag auf ihrem Schlüsselbein – dort, wo das Tuch endete, das ihren Kopf verhüllte. »Gleich werdet ihr sehen, wie zwei weibliche Körperteile miteinander verbunden sind: Pussy und Nippel. Berührt man die Nippel, wird die Pussy feucht und erregt.« Catherines Hand ging abwärts, zielgenau auf ihre Brust zu.

»Nicht nur auf meine Hand sehen«, sagte Catherine zu den Schülerinnen. »Schaut euch auch die Pussy an!«

Leicht umfasste Catherines Hand Manons fast flache Brust, deren Brustwarzen stark hervorstanden. Sie spürte, wie Catherine die Nippel antippte, mit den Daumen darüberfuhr, und erschauerte.

»Sie wird schon ein bisschen nass!«, rief Jeannette begeistert.

»Dann passt jetzt mal ganz genau auf«, sagte Catherine. Für Manon vollkommen unerwartet, saugte sie einen ihrer harten Nippel zwischen die Lippen. Das Gefühl von Catherines Lippen und die feuchte, weiche, beharrlich leckende Zunge waren fast zu viel für Manon. »Mmm …«, mumpfte sie in den Knebel.

»Jetzt glänzen die Lippen richtig!«, rief Jeannette.

In dem Moment biss Catherine sanft in ihren Nippel. Der unerwartete kleine Schmerz schoss von dort aus direkt in Manons Pussy, die jetzt hemmungslos ihre Säfte freigab wie der frisch gebrochene Stängel einer Wolfsmilchpflanze.

»Ha – jetzt sind die Kanäle offen!«, rief Jeannette triumphierend.

Manon war heiß vor Scham und dankbar für das Tuch, durch das die anderen ihr rotes Gesicht nicht sehen konnten.

»Na bitte!« Catherine richtete sich auf und beugte sich zusammen mit den Schülerinnen über Manons nasse Pussy.

Doch auch das genügte Catherine nicht. Sie führte einen Finger in Manons Nässe und erklärte: »Es könnte noch mehr sein. Louanne, fühl mal. Was sagst du dazu?« Sie griff nach Louannes Hand und führte sie zwischen Manons Schamlippen.

»Ich find's recht feucht, Madame.«

»Das stimmt, Louanne. Es ist zwar ausreichend feucht, aber mit ein wenig mehr Stimulation erreicht man ein Vielfaches bei einer Frau! Wenn eine Frau stark erregt ist, erzeugt sie einen See aus Freude. Schaut – eine Frau hat viele verschiedene erogene Zonen und manche sind sehr weit entfernt von ihrer Pussy. Wenn man sie aber dort reizt, steigert das die Erregung.«

Sie fuhr Manons Hüften herab, über ihr Becken, strich dann die nach oben hin gereckten und gespreizten Oberschenkel und Waden entlang und gelangte schließlich zu den Füßen, die rechts und links von ihrem Kopf am Bett befestigt waren. Catherine konzentrierte sich auf den linken Fuß. Ein Finger strich über ihre Fußsohle. Manon war kitzelig und mumpfte protestierend in den durchweichten Knebel. Sie bog die Zehen nach vorn und kräuselte die Fußsohle, um die Angriffsfläche zu verkleinern.

Catherine griff sofort nach ihren Zehen und bog sie wieder gerade. Unbeirrt strich der Finger wieder über die Sohle. Manon lachte in den Knebel und versuchte, sich zu entwinden, aber vergeblich.

»Kitzeln«, erklärte Catherine ihren Schülerinnen, »kann sehr erregend sein.« Sie ließ ihre Nägel über Manons Fußsohle tanzen und Manon empfand die Qual des Kitzels und zugleich spürte sie, wie ihre Pussy reagierte, wie sie anschwoll und heiß wurde, wie ihr Kitzler pulsierte. Das war doch … absurd.

»Es funktioniert wirklich, Madame!«, riefen Inès und Louanne. »Ihre Pussy ist total rot geworden.«

»Wenn man jetzt ihren Kitzler streicheln würde, zum Beispiel mit der Zunge, würde sie extrem schnell kommen«, sagte Catherine.

Manon wünschte sich das. Das Kitzeln an den Fußsohlen machte sie so unfassbar geil – es war nicht zu fassen! Das hatte sie nicht gewusst. Sie wollte geleckt werden, masturbiert, sie wollte kommen!

»Aber wir lecken ihren Kitzler jetzt noch nicht«, sagte Catherine. »Wir wollen unser Unterrichtsmaterial noch viel, viel geiler machen. Und so lecken wir erst einmal diese Stelle hier.«

Unerwartet glitt Catherines Zunge zwischen ihre Zehen. Manon gab unter dem Tuch ein ersticktes Stöhnen von sich. Sie hatte nicht mal geahnt, dass sie noch geiler werden könnte. Sie brauchte jetzt dringend, wirklich dringend eine Berührung an ihrer Pussy!

Catherine ließ von ihr ab und sagte: »Inès. Saug mal an den Zehen! Und ihr anderen schaut zu, was währenddessen mit ihr passiert. Und zwar hier innen drin.«

Zwei Finger strichen durch das gelockte Schamhaar, öffneten die Schamlippen noch weiter und entblößten den rosigen Eingang in ihr Inneres. »Sie wird nämlich hier drin an den Innenwänden ebenfalls schön feucht. – Inès, gib dir mal mehr Mühe!«

Inès Zunge leckte über ihren Spann, die Zähne streiften die empfindliche Haut der Sohle, dann saugten sich die Lippen fest und die Zunge streichelte die Sohle.

»Louanne – nimm dir den zweiten Fuß vor. Mach es genauso wie Inès. – Habt keine Bange, dass ihr nicht genug mitbekommt. Alles wird gefilmt – ihr habt nachher genug Zeit, alle Einzelheiten zu sehen. Was ich euch zeigen will: je mehr Reize, desto mehr Erregung!«

Und während Inès und Louanne ihre Zungen über Ballen, Spann und Fersen ihrer Füße gleiten ließen und Manon vor Lust fast verging, griffen Catherines Daumen und Zeigefinger nach Manons Brustwarzen und pressten sie kurz zusammen.

»Was passiert mit ihrer Pussy, Jeannette?«

»Die Schamlippen werden noch dicker und röter …«

»Der subtile Schmerz …«, erklärte Catherine und kniff nochmals in ihre Brustwarze, »… kombiniert mit dem kitzelnden Saugen und Lecken an den Füßen, sendet ein klares Lustsignal an den Körper. Siehst du, Jeannette? – Wenn Schamlippen so aussehen, dann ist die Frau bereit, gefickt zu werden. Mehr als bereit. Man sieht es daran, dass die Schamlippen sich wie von selbst öffnen. Hier.«

Manon stellte sich vor, wie die Augen der Schülerinnen jetzt über ihre durchbluteten, stark angeschwollenen Lippen gingen, wie sie die rosige Seite des inneren Lippenfleisches betrachteten, ihr Loch umkreisten und sich an der Klitoris festsaugten.

Sie stellte sich ebenfalls die Pupille der Kamera vor, die auf das Bett gerichtet war – auf ihr mit einem Tuch bedecktes geknebeltes Gesicht, ihre sich hebende und senkende Brust und zwischen ihre Schenkel – und ein Unterrichtsvideo aufnahm.

Catherine kletterte aufs Bett und kniete sich zwischen Manons unanständig weit geöffnete Schenkel. Manon spürte ihren Atem auf den Schamlippen. Die Köpfe der Schülerinnen drängten sich ebenfalls dicht über ihrer Pussy.

»Jetzt seht genau hin, wie man das macht!«, sagte Catherine. Sie streckte die Zungenspitze aus, berührte das nasse Fleisch, glitt zärtlich über und unter Manons Lippen, teilte die Falten und umkreiste den runden Eingang.

Manon mumpfte wieder in ihren Knebel und versuchte, sich zu bewegen. Aber sie war zu gut verschnürt. Sie konnte nichts tun, als es geschehen zu lassen. Die Zunge ließ sich nicht beirren. Fest und nass strich sie auf und ab, verschwand kurz im Loch und strich über die Innenseiten ihrer Pussy.

»Mmmrrr«, machte Manon.

»So, jetzt mach du weiter, Louanne!« sagte Catherine.

Catherine zog Manons Schamlippen für Louannes Zungenspitze auseinander. Mit der anderen dirigierte sie Louannes Kopf. Deren Zungenspitze tastete sich feucht über die nasse, rosige Haut. Hingebungsvoll erkundete sie sämtliche Falten.

»Gut.« Die Lehrerin war zufrieden. »Gut aufgepasst. Stopp. Das reicht.«

Manon jammerte in den Knebel. Das war so unfair!

Catherine zog Louannes Kopf am Haar wieder zwischen Manons Schenkeln hervor. Und wieder beugten sie sich zusammen über Manons klaffende Pussy. Prüfend steckte Catherine einen Finger in das Loch und zog ihn befriedigt wieder heraus. »Schön nass.«

»Huch, was ist das?«, fragte Inès plötzlich. »Ist das aus Glas?«

»Ja«, sagte Catherine. »Das, meine Lieben, ist ein Dildo, denn das Unterrichtsmaterial ist jetzt bereit, gefickt zu werden. Wir werden es aber nicht nur ficken, sondern die verschiedenen Reize, die wir heute gelernt haben, kombinieren.«

»Alle?«, fragte Jeannette.

»Ja, alle Reize. Du wirst ihre Nippel saugen und streicheln, Jeannette. Inès, du warst vorhin so geschickt an den Füßen, das wirst du jetzt wiederholen. Und du, Louanne, du saugst und leckst ihre Schamlippen und Klitoris. Ich wiederum habe noch einen kleinen Extra-Reiz in petto. Während ich den verabreiche, werde ich sie hiermit ficken. Ihr werdet heute an unserem Unterrichtsmaterial einen Superorgasmus erleben!«

Zuerst spürte Manon zwei Hände, die ihre Brüste betasteten und zusammenpressten, und einen Mund, der sich auf ihre

Nippel presste, sie beknabberte: Jeannette. Allein dieses Gefühl war irrsinnig intensiv, zog von ihren Nippeln direkt in die Pussy, wo jetzt Louanne begonnen hatte, mit der Zunge ihre Schamlippen zu erkunden. Beide Reize zusammen waren schon extrem erregend. Dann kam noch Inès' Griff an ihren Füßen hinzu, ein Trippeln über ihre Fußsohlen, ein Kitzeln, das nahezu unerträglich war.

Manon musste lachen und versuchte sich zu winden, kam aber nicht weg. Sie spürte wieder, wie ihre Klitoris unter der Kitzelattacke vor Geilheit zu pulsieren begann, und war unendlich dankbar, als Louanne ihre Klitoris endlich einsaugte und mit der Zunge zu bearbeiten begann. Und während Jeannette jetzt ihre Brustspitzen zusammenkniff, wie Catherine es vorher gezeigt hatte, spürte Manon, wie ihre Hinterbacken auseinandergeschoben wurden und etwas Kühles darauf getropft wurde. Ehe sie begriff, dass es Gleitgel war, spürte sie schon den Finger – einen Daumen in ihrer kleineren Öffnung.

»Na, was haben wir denn hier für ein niedliches Löchlein?«, sagte Catherine auch schon und lachte leise. Im gleichen Moment, in dem der Daumen zu stoßen begann, schob sich etwas Glattes, Dickes, Gläsernes in Manons klatschnasse Pussy und fickte sie in einem stetigen, stoischen Rhythmus: Catherines Dildo. Catherine war dabei so geschickt, dass sie wie beiläufig mit der Spitze immer wieder Manons G-Zone stimulierte.

Dieser Reiz gab ihr zusammen mit allem anderen, mit dieser irrsinnigen Massenmasturbation, den Rest. Der gigantische Orgasmus, der sich schon die ganze Zeit in ihr aufgebaut hatte, türmte sich höher und höher und dann … … kippte sie endlich über die Klippe.

Manon kam nicht nur – sie erlebte den Urknall. Sie brüllte in den Knebel, der Saft spritzte aus ihr heraus und ihr Hirn explodierte zu Galaxien voller Sternenstaub.

Catherine nahm ihr das Tuch vom Kopf, entfernte den Strumpfknebel und gab ihr einen langen, tiefen, liebevollen Kuss.

Dann erhob sie sich, wies auf die Pfütze, in der Manon lag, und sagte lachend: »Und was ihr eben gesehen habt, meine Lieben, nennt man Squirten!«

Der stramme Handwerker

Es war ein typischer Donnerstagvormittag und das war schlecht. Es war schlecht, weil die Donnerstagvormittage irgendwann vor langer Zeit damit begonnen hatten, grundsätzlich schlecht zu sein.

Dieser Donnerstag war besonders schlecht. Zunächst einmal, weil Ricarda seit Wochen schlichtweg untervögelt war. Und zwar aufgrund der Tatsache, dass sich ihr Gatte seit geraumer Zeit mehr für das Hausmädchen, seine Schreibkraft, seine Assistentin, die Postbotin, die Frau im Supermarkt hinter der Fleischtheke, wahrscheinlich sogar für die beschissene Nachrichtensprecherin aus dem Radio und im Grunde eigentlich für absolut jede einzelne Frau auf diesem Planeten mehr interessierte als für sie. Er hatte sie seit mehr als zwei Monaten nicht mehr angefasst und das, obwohl sie weit mehr Zeit und Mühe in ihr Aussehen investierte als noch vor zehn Jahren. Damals hatte sie fast gar nichts tun müssen, sie hatte einfach gut ausgesehen. Jetzt quälte sie sich mehrmals wöchentlich im Fitnessstudio, gönnte sich kaum noch etwas zu essen, das nicht grün war oder Flügel hatte, und ließ sich besondere Ampullen und Cremes direkt aus Frankreich schicken. All dies zeigte Wirkung und darauf war sie stolz.

Natürlich war die Schwerkraft in achtunddreißig Jahren auch an ihr nicht spurlos vorübergegangen, doch ihr Hintern war knackig wie eh und je. Den Versuch, Walnüsse damit zu knacken, wagte sie zwar nicht, aber im Fitnessstudio erntete sie doch immer wieder anerkennende Blicke von den jungen Kerlen, die dort täglich ihre Hanteln stemmten.

Anerkennende Blicke … was für ein Quark! Die jungen drahtigen Burschen fanden sie schlichtweg geil! Sie hätte nur zurücklächeln und ein Gespräch beginnen müssen – mit Kusshand hätte sich einer dieser mit gestählter Brust und dem Ehrgeiz der Jugend versehenen Playboys auf sie gestürzt. Hätte ihr den engen Trainingsbody vom Leib gerissen, jeden Quadratzentimeter ihres Körpers leidenschaftlich mit der Zunge erkundet, ihr seine Männlichkeit zwischen die Schenkel geschoben und sich von ihr zureiten lassen wie ein junges, unerfahrenes Pony … Aber sie war ja eine anständige Ehefrau.

Warum eigentlich?

Nun, vor einigen Jahren hätte sie das leicht beantworten können. »Weil mein Mann mich liebt!«, hätte sie selbstsicher zu Protokoll gegeben, doch im Augenblick war sie sich da nicht mehr so sicher.

Was sie am meisten bedrückte: Sie war sich auch nicht mehr sicher, ob sie ihn noch liebte. Eines konnte sie mit Gewissheit sagen: Ihr Begehren nach Sex war genauso groß wie immer, vielleicht sogar noch größer, aber ihr Begehren nach ihm hatte eindeutig abgenommen.

Auch er war älter geworden. Aber er war nicht so schön gealtert wie sie. Er war dicker geworden, kurzatmiger, schlaffer. Im Gegensatz zu ihr tat er nichts dagegen. Er hatte viele Federn gelassen oder besser: Haare. Da waren fast keine mehr auf seinem Kopf, dafür umso mehr in den Ohren … und im Waschbecken. Letzteres war im Übrigen der Grund, weshalb dieser Donnerstag noch beschissener war als viele andere davor.

Der Abfluss im Badezimmer war schon seit drei Tagen verstopft, aber er schaffte es einfach nicht, das Problem zu lösen.

Dass sie einen Kerl geheiratet hatte, der nicht in der Lage war, ein verstopftes Waschbecken zu reparieren, war ihr schon klar gewesen, als sie die ersten Nächte bei ihm verbracht hatte – damals, als er gerade sein Staatsexamen machte, um Anwalt zu werden. Er gehörte zu den Männern, die handwerklich gänzlich ahnungslos waren. Damals war sie es gewesen, die den Akkuschrauber in die Hand genommen und die Regale angeschraubt hatte, die wackelig an den Wänden lehnten …

Dass sich seine Heimwerkerfähigkeiten nicht verbessert hatten – geschenkt. Aber dass er es nicht mal schaffte, einen Klempner zu rufen, das machte sie sauer. Also musste sie sich wie in all den Jahren wieder einmal selbst darum kümmern, so wie sie sich in letzter Zeit auch um ihre sexuelle Entspannung selbst kümmern musste. Und sie hatte es satt.

Entnervt suchte sie die Nummer eines Handwerksbetriebs im Telefonbuch.

»Ja, wir schicken jemanden«, quakte eine weibliche Stimme am Telefon ihr ins Ohr.

»Gut, das hatte ich gehofft, aber wann wird er hier sein?«

Kurze Stille am anderen Ende, sie hörte ein Tippen. Offenbar schaute die Person etwas am Computer nach. »So in ’ner Stunde vielleicht.«

»Danke.« Sie legte auf.

In einer Stunde … hm. Eigentlich hatte sie heute vorgehabt, in die Mall zu gehen. Ihre Freundin Iris hatte am Samstag Geburtstag und sie brauchte noch ein passendes Geschenk. Jetzt musste sie warten, bis dieser Typ kam, um das Waschbecken zu reparieren, und dann musste sie warten, bis er damit fertig war, denn ganz sicher würde sie nicht das Haus verlassen, solange ein fremder Mann hier zugange war.

Sie überraschte sich dabei, wie sie sich das Pornoklischee des knackigen Handwerkers vor Augen holte, der richtig zupacken konnte und die Hausherrin verführte, solange der Ehemann im Büro war. Sie musste grinsen. Aber Moment – war das im Porno nicht eher der Gärtner, der Poolboy oder der Paketzusteller? Himmel, wann hatte sie eigentlich zuletzt einen Porno gesehen?

Haha, was für Gedanken, wahrscheinlich käme einfach ein schwitzender Kerl mit Bierwampe! Im Morgenmantel wollte sie den allerdings nicht in Empfang nehmen und so entschied sie, Zeit zu sparen, indem sie sich gleich ausgehfertig machte.

Einen Augenblick stand sie unentschlossen vor dem Spiegel. Das volle Schminkprogramm? Oder doch nur die bequeme Variante – Lippenstift und ein bisschen Mascara?

Na ja, sie hatte noch eine ganze Stunde, die sie irgendwie rumbringen musste, also warum heute nicht mal das Komplettprogramm, sagte sie sich.

Ihre schulterlangen schwarzen Haare mussten glücklicherweise nur gebürstet werden. Allerdings nahm sie sich auch dafür heute Zeit. Sie bürstete nicht nur das Haar, sondern auch ihre Kopfhaut. Eine gut durchblutete Kopfhaut führte dem Haar viel mehr Nährstoffe zu.

Nach hundert Bürstenstrichen glänzte ihr Haar wie Lack. Sie cremte ihre Haut, klopfte ein wenig Hyaluron unter die Augenpartie ein, begann mit Foundation, klopfte tüpfchenweise Concealer über einen Rest von Augenringen, verblendete dann weich die Übergänge, bis ihre Haut schließlich weich und rosig und gänzlich natürlich aussah. Dann gab sie ein wenig Kristallpuder darüber und auf die Wangenknochen etwas Rouge, zauberte einen schönen Lidstrich, legte zartgrünen Lidschatten auf. Zum Schluss tuschte sie die Wimpern mit dem neuen Mascara, der angeblich einen wimpernverlängernden Effekt hatte.

Wow. Das Ergebnis war verblüffend!

Sie war tatsächlich von einer Hausfrau zu einer lasziven

Königin geworden … »Ricarda, du böses Mädchen! Du siehst extrem heiß aus!«, sagte sie laut und zwinkerte sich zu.

Ein Blick auf die Uhr verriet, dass sie doch etwas länger gebraucht hatte als erwartet, und sie war immer noch nicht angezogen! Zumindest sollte sie doch etwas mehr tragen als die weiße Bluse und das schwarze Unterhöschen.

Sie sah in den Kleiderschrank. Hm. Ein kurzer Rock? Ja, aber nur mit Strumpfhose. Draußen war es frisch. Sie riss die Packung auf, stülpte ein Bein erst über die Hand, schlüpfte dann mit dem Fuß hinein. Leider waren es keine echten Nylons, sondern nur die günstigen, die sie immer gleich im Zehnerpack kaufte – für den Alltag. Das Teil klebte so blöd auf der Haut. Mit Nylons passierte das nicht … Sollte sie doch noch mal wechseln?

Im selben Augenblick, als sie das unangenehme Teil wieder aus- und Nylons angezogen hatte, klingelte es unten an der Tür. Ausgerechnet jetzt! War ja klar, dass dieser Handwerker fünfzehn Minuten früher da wäre. Es war einfach auf niemanden mehr Verlass!

»Augenblick!«, rief sie vom Badezimmer die Treppe hinunter.

Ob der Mann an der Tür das wohl gehört hatte? Vermutlich nicht, denn er klingelte noch zweimal. Jetzt ging der Reißverschluss vom Rock nicht zu. Verdammtes Mistding! Sie zog ihn so weit hoch, wie es eben ging, und rannte dann die Treppe hinunter. Dabei rief sie: »Ja, ja, ich komme!« Unten angekommen, riss sie die Tür auf.

»Hallo«, sagte der junge Mann, der vor ihr stand.

»Hallo«, entgegnete sie, denn mehr konnte sie nicht sagen. Sie war einfach zu geplättet. Es dauerte ein, zwei Sekunden, bis sie sich gesammelt hatte, dann machte sie sich bewusst, dass ihr Mund offen stand.

Der junge Mann war … ein Augenschmaus. Eine klassische romanische Schönheit. Groß, volles, schwarzes Haar, eisblaue Augen. Die Lippen waren symmetrisch und schön geschwungen und die Nase wies einen winzigen, römischen Knick auf – faszinierend. Er verströmte einen betörenden Duft, der ganz klarmachte, dass er heute noch nicht allzu viele Abflüsse trockengelegt haben konnte.

»Das Waschbecken ist kaputt?«, fragte er mit einem rauen Unterton.

»Ähm … das Waschbecken?« Sie hatte wieder einige Sekunden zu spät geschaltet. Ihr Hirn war augenscheinlich noch zu sehr damit beschäftigt, so viel Schönheit zu erfassen, war völlig überfordert, auch noch Fragen zu beantworten. »Ach ja, das Waschbecken!« Himmel – er hielt sie wahrscheinlich für völlig plemplem. »Kommen Sie rein«, sagte sie hastig und öffnete die Tür komplett. »Ich zeig es Ihnen.«

Sie stieg die Treppe hoch und der junge Mann folgte ihr. Auf der Mitte der Treppe drehte sie sich kurz um. Sie wollte noch einmal einen unauffälligen Blick riskieren, aber als sie den Kopf drehte, sah sie genau in seine eisblauen Augen.

»Alles okay?«, fragte er irritiert.

Das war ein bisschen peinlich. »Ähm … ich wollte nur sagen: Passen Sie auf die Stufen auf, da stolpert man leicht.«

Passen Sie auf die Stufen auf, da stolpert man leicht? Ricarda gab sich innerlich eine Ohrfeige. Was war das denn? Genauso gut hätte sie sagen können: *Ach, vergessen Sie nicht zu atmen, da erstickt man leicht.*

Er nickte und grinste.

Meine Güte, dachte Ricarda, *was mach ich mir eigentlich vor!* Der Junge hätte ihr Sohn sein können. Der war doch sicher nicht älter als zwanzig.

Sie führte ihn den Gang entlang zur letzten Tür. »Das Badezimmer«, sagte sie überflüssigerweise und in der Art wie der Löwenvater in *Der König der Löwen*, als er seinen Sohn hochhebt, ihm einmal die ganze Savanne zeigt und sagt: »Das könnte alles einmal dir gehören, mein Sohn.« Nur dass die Savanne ein zehn Quadratmeter großer Raum war – mit Dusche, Klo und Waschbecken.

Der Mann ging in die Hocke und öffnete die Türen des Unterschränkchens, um arbeiten zu können.

Sie starrte ihn an wie ein hypnotisiertes Kaninchen. Dieses Kinn … Es war einfach perfekt geformt. Am liebsten hätte sie es angefasst oder … Gott bewahre … darübergeleckt! Sie schluckte. Es war mit kurzen Stoppeln versehen, aber das wirkte nicht ungepflegt, sondern sexy.

Irgendwie kam er ihr bekannt vor. Vielleicht hatte sie ihn schon einmal im Fitnessstudio gesehen? Er war zwar nicht so muskelbepackt wie die meisten Kerle dort, aber dennoch toll in Form, zumindest verrieten das die Konturen, die sie unter dem Blaumann erkennen konnte.

Vielleicht bildete sie es sich auch nur ein, ihn zu kennen, weil er Ähnlichkeit hatte mit einem bestimmten Model, mit Filmstars wie Hugh Jackman oder weil er schlicht und einfach Michelangelos David glich.

Er beugte sich nach vorn und kroch unter das Waschbecken. Was für ein Hinterteil! Das machte sie jetzt wirklich an und sie spürte, dass sie feucht wurde.

»Ich hab alles da, was ich brauche, Sie müssen nicht unbedingt hierbleiben. Ich würde Sie rufen, wenn ich fertig bin«, sagte er, als er den Kopf wieder aus dem Badezimmerschränkchen unter dem Waschbecken gezogen hatte.

»Oh, das ist gar kein Problem. Ich warte gern hier, bis Sie fertig sind«, entgegnete sie blitzartig.

Das verschmitzte Lächeln, das sie erntete, war vielsagend.

Sie lehnte sich gegen den Türrahmen und schaute dem jungen Mann bei der Arbeit zu. Ohne Schraubenschlüssel, nur per Hand drehte er den Siphon heraus, dabei spannten sich seine Arme und man sah jeden einzelnen Muskel.

»Und – da haben wir's schon!« sagte er. »Haben Sie mal ein Stück Papier? Haushaltspapier oder etwas Ähnliches?«

Ricarda machte einen Schritt in Richtung Toilettenschüssel und riss ein paar Papierfetzen vom Toilettenpapierhalter, um sie ihm zu reichen. Dann lehnte sie sich wieder lässig mit dem Rücken gegen den Türrahmen.

»Danke.« Er wischte etwas ins Papier und warf es in den Mülleimer, schraubte dann das Ganze wieder zusammen und richtete sich auf.

»Da waren nur 'ne Menge Haare im Rohr, das war alles. Ich weiß ja nicht, wie Sie das normalerweise machen, aber entweder Sie waschen sich die Haare woanders oder Sie setzen einfach ein Sieb in den Ausguss, dann haben Sie das Problem in Zukunft nicht mehr.«

Mit großem Wohlwollen sah sie, dass er sich sorgfältig die Hände wusch.

»Haben Sie vielleicht noch ein Handtuch?«, fragte er freundlich.

»Aber natürlich.« Sie stieß sich mit einem kleinen Schubs vom Türrahmen ab, ab um ein Handtuch aus dem Regal zu nehmen. Dabei bückte sie sich und bemerkte nicht, wie der Reißverschluss ihres kurzen Rocks, der noch immer nicht ganz geschlossen war, automatisch tiefer rutschte. Als sie wieder hochkam, fühlte es sich einen Moment lang merkwürdig entspannt um ihre Hüften an und keine Sekunde später rutschte der Rock urplötzlich zu Boden.

Oh. Mein. Gott.

Was die Szene für einen Eindruck auf den jungen Mann machen musste, konnte sie sich gar nicht ausmalen. So gekonnt und verführerisch, wie der Rock ihre langen Beine hinabglitt, hätte sie das absichtlich niemals hinbekommen.

»Oh nein«, hauchte sie. *Was für ein Albtraum …*

Bevor ihr das Missgeschick jedoch entsetzlich peinlich werden konnte, ergriff der junge Mann die Gelegenheit beim Schopfe. Und irgendwie verstand sie ihn auch. Das Ganze musste schließlich wie eine Einladung wirken. So, als hätte sie alles inszeniert.

Er war, was bei seiner Attraktivität nicht ganz unbegründet war, mit einem ziemlich großen Selbstvertrauen gesegnet. Egal, wie jung er sein mochte – alt genug, um sich seiner Wirkung auf Frauen bewusst zu sein, war er augenscheinlich. Und im Gegensatz zu den Gewichte stemmenden Muskelprotzen, die stets schweigend oder höchstens grunzend ihre Übungen absolvierten und nur, wenn sie sich unbeobachtet glaubten, einen verschämten Blick auf sie riskierten, wusste dieser Mann ganz genau, was er wollte. Er verlor nicht den Bruchteil einer Sekunde, sondern zog Ricarda an sich und küsste sie so, wie sie dastand: in Bluse und schwarzer Strumpfhose, zwar mit Höschen, aber ohne Rock.

»Chanel«, murmelte er an ihrem Ohr.

»Ricarda!«, antwortete sie verwirrt.

»Das Parfüm«, sagte er leise und küsste ihren Hals.

Und ja, vor einer Stunde hatte sie *Coco Mademoiselle* von Chanel aufgelegt, ihr Lieblingsparfüm, und er schien eine feine Nase zu haben.

Seine Hände glitten ihren Rücken hinunter bis zu ihrem Po. Nur in Strumpfhose dazustehen und so berührt zu werden, fühlte sich seltsam unanständig an. Unanständig und … aufregend. Er knetete ihre Pobacken durch den feinen Stoff, dann griff er fest zu und hob sie kurzerhand auf den Waschtisch.

Während er sie leidenschaftlich küsste, wanderte eine Hand über ihren Rücken und eine über ihre Schenkel. Er streichelte sie fest zwischen den Beinen und löste damit eine kleine

Springflut aus. Zwei Monate hatte ihr Mann sie nicht mehr angefasst. Zwei verdammte Monate! Diese Dürreperiode war jetzt vorbei.

Sie wusste, mit wem sie verheiratet war, aber sie wusste auch, von wem sie sich gleich nehmen ließe! Von diesem strammen Burschen nämlich, der nicht nur einen stählernen Waschbrettbauch in seiner Latzhose versteckte, wie sie neugierig ertastete, sondern auch einen herrlichen Schwanz.

Gekonnt öffnete er die Knöpfe ihrer Bluse, zog sie ihr aber nicht aus. Er bewunderte ihre Brüste in dem hübschen BH, strich sanft mit dem Zeigefinger über die schwarze Spitze, sodass sie erschauerte und ihre Brustwarzen sich aufrichteten. Er machte den BH nicht auf, sondern schob ihn einfach herunter, sodass er wie eine Hebe ihre Rundungen anhob und sich ihm alles entgegenreckte. Sie war entblößt und doch irgendwie noch angezogen, und das fühlte sich seltsamerweise unanständiger an, als wäre sie komplett nackt.

Er nahm eine ihrer Brüste in beide Hände, drückte sie leicht zusammen, sodass die Brustwarze noch stärker hervortrat, dann legte er die Lippen darum.

»Aaah …« Der Laut kam automatisch aus ihrem Mund. Tief. Lustvoll.

Sie wehrte sich nicht. Sie spürte seinen feuchten, saugenden Lippen nach, seiner Zunge, die weich und nass die Brustwarze leckte. Sie ließ sich einfach verwöhnen. Die Zunge umkreiste jetzt die elektrisierte Spitze, langsam, ausgiebig und gleichmäßig. Das machte sie irre!

»Aaah … aaah …«

Jede Berührung seiner Zunge auf ihrer Brustwarze schien automatisch auch ihre Klit zu berühren, als gäbe es da eine geheimnisvolle unterirdische Verbindung. Sie legte die Hände um seinen Kopf, fuhr mit allen zehn Fingern durch sein schönes, volles, schwarzes Haar, kraulte seine Kopfhaut und drückte seinen Mund noch näher an ihre Brust heran. Und er lutschte, leckte und knabberte, dass der Lustsaft ihre Pussy flutete und sie das Gefühl hatte, gleich durch die Strumpfhose zu tropfen.

Wieder packte er sie am Arsch, zog sie diesmal vom Waschtisch herunter, sodass sie wieder vor ihm stand, griff zwischen ihre Beine und massierte sie. Er war so geschickt dabei, fand sofort einen Rhythmus, der ihr schwer zu schaffen machte. Wenn er nicht gleich damit aufhörte, würde sie auf diese Weise kommen: vor einem Fremden stehend, der durch die Strumpfhose hindurch ihre Pussy rieb …!

Wenige Augenblicke später zog er mit Daumen und Zeigefinger die Strumpfhose aus ihrem Schritt ein wenig länger, dann griff er mit der zweiten Hand hin und riss auf Höhe ihres Schamhügels einfach ein Loch in das Teil.

Wow, der Kerl hat wirklich Kraft in den Fingern!, dachte sie bei dem kurzen Ruck, als der Stoff riss. In ihr tobte eine wilde Mischung aus empörter Überraschung (er zerriss einfach ihre Kleidung!) und geiler Verzückung (wie sie das liebte, dass er einfach ihre Kleidung zerriss!). Das teure Spitzenhöschen schob er Gott sei Dank einfach beiseite, streichelte dann mit dem Daumen über ihre nasse Spalte, sodass sie am liebsten geschnurrt oder ihn gebissen hätte – oder beides? Doch bevor sie den Gedanken zu Ende denken konnte, ging er in die Hocke und schob sein Gesicht direkt zwischen ihre Beine. Sie spürte seinen warmen Atem, die hauchfeine Berührung seiner Lippen und begann zu winseln wie ein Tier. Als sie endlich seine Zunge spürte, musste sie sich gegen den Waschtisch lehnen, sonst hätten ihre Beine nachgegeben.

»Ja, ja, ja ….«, japste sie, während er ihren Saft kostete, an ihren Schamlippen entlangleckte und diese schließlich einsaugte.

Verdammt noch mal, er war so gut! Es fühlte sich so … grandios an, als seine Zungenspitze sich jetzt auf den Weg Richtung Klitoris machte, diese anstupste, von vorn, von hinten, sie quasi von allen Seiten »boxte«, sie dann mit den Lippen »gefangen nahm«, wie eine Straftäterin festhielt und dann intensiver mit der Zunge bearbeitete. Sie konnte nur noch laut stöhnen und spürte, wie ihre Beine heftig zu zittern begannen. Sie warf einen Blick nach unten. Er schaute sie direkt an, während seine Zunge ihren Kitzler in die Mangel nahm. Er genoss sie somit auf zwei Weisen: Mit der Zunge und mit den Augen …

Es war grandios. Nein, es war phänomenal. Der junge Mann war ein Meister auf diesem Gebiet! Aber so ganz wollte sie sich das Heft doch nicht aus der Hand nehmen lassen. Sie griff mit beiden Händen in seinen Nacken und zog ihn zu sich nach oben.

Der Blaumann war wirklich unerotisch, selbst wenn er einen so ansehnlichen Körper beherbergte. Sie wollte, nein musste ihm dieses Ding schnell abstreifen, um an diesen Körper heranzukommen, der sie gierig machte.

Der blaue Fetzen landete in der Badewanne und gab eine lebendig gewordene griechische Statue frei. Er war so schön, dass ihr regelrecht schwindelig wurde. Sie dachte nicht nach, sondern ging in die Knie und biss zärtlich in seinen harten Bauch. Er lachte und streichelte ihren Kopf.

Sie ließ ihre Zunge auf Wanderschaft gehen. Strich über jeden Zentimeter dieses trainierten Bauchs, tauchte kurz in den Nabel ein, küsste sich dann nach unten, die muskulösen Beine entlang, streichelte mit der Zunge seine herrlichen Innenschenkel und hielt dann inne, um ihn genau zu betrachten.

Was für einen Prachtkerl von Schwanz er hatte! Sie musste aufpassen, nicht zu sabbern, so schön fand sie ihn. Schön war fast der falsche Ausdruck. Exquisit traf es eher. Seine Größe war nicht riesig, sondern einfach perfekt. Es war ein Glücksbringer und kein Schmerzmacher. Der Schaft war geädert und schien zu pulsieren. Die Eier waren prall, die Haut seines Hodensacks spannte sich darum und wirkte zart und verletzlich. Seine Eichel war rosig und ebenfalls herrlich prall.

Sie konnte nicht anders. Sie legte eine Hand sanft um seine Hoden und massierte die wertvolle Fracht darin zärtlich, während sie die Lippen um seine Eichel legte und seinen Schwanz langsam und genüsslich einsaugte. Sie machte ihn nass, genoss das Gefühl seines heißen, harten und doch so verletzlichen Schwanzes in ihrem Mund, genoss das Gefühl seiner Hoden in ihrer Handfläche und zwischen ihren Fingern. Sie empfand etwas so Lustvolles und zugleich Zärtliches, dass es sie regelrecht flashte.

Die Tätigkeit ihrer Lippen, der Zunge und ihrer Hand zeigte Wirkung, denn der schöne Junge gab nun seinerseits unerhört erregte Laute von sich. »Wenn du so weitermachst, komme ich«, stöhnte er.

Da ließ sie die rosige und köstliche Eichel aus ihren Lippen gleiten und wandte die Aufmerksamkeit ihres Mundes seinen Eiern zu. Seine Hoden hatten sich nun schon so sehr an die sanfte Berührung ihrer Hand gewöhnt, dass sie es wagte, ein wenig fester zu drücken. Sie drückte den Sack zusammen, sodass ein richtig pralles Eierpaket entstand, über das sie nun genüsslich die Zungenspitze gleiten ließ.

»Oh, mein Gott, bist du scharf«, japste er nur, als sie anschließend erst einen Hoden, dann den anderen und schließlich alle beide komplett in den Mund saugte und mit der Zunge daran herumspielte.

»Ja, du machst das … so … verdammt … gut …«, hörte sie ihn stöhnen, dann atmete er nur noch heftig.

Ricarda wusste um die Qualität ihrer oralen Künste. In ihrer Jugend hatte sie mit viel Neugier und Lust geübt. Sie hatte einer ganzen Reihe Jungs den Verstand aus dem Schwanz gesaugt. Und sie liebte schöne Eier. Ein festes Paket wie dieses hier war das Größte für sie. Sie massierte und saugte, leckte, rollte die Eier mit der Zunge hin und her, streichelte, küsste und knabberte sogar ganz, ganz zart.

»Oh Mann, ich glaub, ich komme gleich!«

Nein, auf keinen Fall! Das ging ihr dann doch zu schnell. Dieser junge, extrem scharfe Handwerker hatte seine Schuldigkeit ihr gegenüber noch nicht getan. Sie erhob sich wieder, hielt aber weiterhin seine Hoden in der Hand. Dann ließ sie los, drehte sich um und reckte ihm den Arsch entgegen: »Nimm mich!«

Das ließ der stramme Bursche sich nicht zweimal sagen. Er griff nach ihren Hüften und schob ihr seinen herrlichen Schwanz in die Spalte, die dermaßen nass war, dass er so problemlos hineinglitt, als wäre er für keine andere gemacht als für sie. Dieser Schwanz fühlte sich so unglaublich gut an! Zumal er zielsicher diesen besonderen Punkt traf, der ihr so viel Vergnügen bereitete. Sie biss sich auf die Unterlippe und stöhnte in sich hinein.

Seine Stöße wurden jetzt schneller und heftiger.

»Ja! Fick mich! Ich bin so nass«, feuerte sie ihn an und konnte selbst nicht glauben, dass sie so redete. Mit der Hand wischte sie den Seifenspender und die Cremedosen vom Waschtisch, damit sie sich besser abstützen konnte.

»Spiel mit meinen Brüsten!«

Endlich zog er ihr die Bluse und den BH aus, sodass ihre Brüste bei jedem seiner harten Stöße frei schaukelten, bis er sie mit seinen Händen umfasste und festhielt. Die harten Knospen umspielte er mit den Fingerspitzen, während er mit seinen Hüften den Takt eines galoppierenden Rennpferdes anstimmte.

»Ich halt's nicht mehr aus!«, rief er.

»Mach weiter!« befahl sie ihm. »Hör nicht auf!«

Er nahm sich ihr Flehen zu Herzen und stieß weiter zu, bis sich ein solcher Orgasmus in ihr aufbaute, wie sie ihn schon seit Jahren nicht mehr gehabt hatte. Höher und höher staute es sich in ihr an, bis die Wellen ... endlich ... explosionsartig über ihr zusammenschlugen.

Er entlud sich nur Sekunden später in ihr und sie spürte, wie sein Schwanz zuckte, als er kam.

Beide keuchten.

Als er seinen Schwanz aus ihr zog und sein heißer Saft ihre Schenkel hinunterlief, fühlte sie sich unbeschreiblich unanständig und zugleich absolut unwiderstehlich.

***

»Wie heißt du eigentlich?«, fragte sie, während er den Blaumann wieder anzog.

»Giovanni«, stellte sich der hübsche Kerl vor.

Als er dann die Treppe nach unten lief, weil sein Termin beim nächsten Kunden wartete, rief er nochmals fröhlich zu ihr hoch: »Und denken Sie an das Sieb! Sonst muss ich in ein paar Wochen wieder herkommen!«

»Ich werde auf gar keinen Fall ein Sieb kaufen!«, rief sie lachend hinterher. »Notieren Sie sich also bitte gleich mal den neuen Reparaturtermin. Nächste Woche: selbe Zeit, selber Ort.«